Comportamento Organizacional: cultura e casos brasileiros

Respeite o direito autoral

O GEN | Grupo Editorial Nacional, a maior plataforma editorial no segmento CTP (científico, técnico e profissional), publica nas áreas de saúde, ciências exatas, jurídicas, sociais aplicadas, humanas e de concursos, além de prover serviços direcionados a educação, capacitação médica continuada e preparação para concursos. Conheça nosso catálogo, composto por mais de cinco mil obras e três mil e-books, em www.grupogen.com.br.

As editoras que integram o GEN, respeitadas no mercado editorial, construíram catálogos inigualáveis, com obras decisivas na formação acadêmica e no aperfeiçoamento de várias gerações de profissionais e de estudantes de Administração, Direito, Engenharia, Enfermagem, Fisioterapia, Medicina, Odontologia, Educação Física e muitas outras ciências, tendo se tornado sinônimo de seriedade e respeito.

Nossa missão é prover o melhor conteúdo científico e distribuí-lo de maneira flexível e conveniente, a preços justos, gerando benefícios e servindo a autores, docentes, livreiros, funcionários, colaboradores e acionistas.

Nosso comportamento ético incondicional e nossa responsabilidade social e ambiental são reforçados pela natureza educacional de nossa atividade, sem comprometer o crescimento contínuo e a rentabilidade do grupo.

Comportamento Organizacional: cultura e casos brasileiros

Silvia Generali da Costa

A autora e a editora empenharam-se para citar adequadamente e dar o devido crédito a todos os detentores dos direitos autorais de qualquer material utilizado neste livro, dispondo-se a possíveis acertos caso, inadvertidamente, a identificação de algum deles tenha sido omitida.

Não é responsabilidade da editora nem da autora a ocorrência de eventuais perdas ou danos a pessoas ou bens que tenham origem no uso desta publicação.

Apesar dos melhores esforços da autora, do editor e dos revisores, é inevitável que surjam erros no texto. Assim, são bem-vindas as comunicações de usuários sobre correções ou sugestões referentes ao conteúdo ou ao nível pedagógico que auxiliem o aprimoramento de edições futuras. Os comentários dos leitores podem ser encaminhados à **LTC — Livros Técnicos e Científicos Editora** pelo e-mail ltc@grupogen.com.br.

Direitos exclusivos para a língua portuguesa
Copyright © 2014 by
LTC — Livros Técnicos e Científicos Editora Ltda.
Uma editora integrante do GEN | Grupo Editorial Nacional

Reservados todos os direitos. É proibida a duplicação ou reprodução deste volume, no todo ou em parte, sob quaisquer formas ou por quaisquer meios (eletrônico, mecânico, gravação, fotocópia, distribuição na internet ou outros), sem permissão expressa da editora.

Travessa do Ouvidor, 11
Rio de Janeiro, RJ – CEP 20040-040
Tels.: 21-3543-0770 / 11-5080-0770
Fax: 21-3543-0896
ltc@grupogen.com.br
www.ltceditora.com.br

Capa: Máquina Voadora DG

Editoração Eletrônica: Anthares

CIP-BRASIL. CATALOGAÇÃO NA PUBLICAÇÃO
SINDICATO NACIONAL DOS EDITORES DE LIVROS, RJ

C875c

Costa, Silvia Generali da
Comportamento organizacional: cultura e casos brasileiros / Silvia Generali da Costa. - 1. ed. - [Reimp.]. - Rio de Janeiro : LTC, 2016.
il. ; 24 cm.

Inclui bibliografia e índice
ISBN 978-85-216-2523-0

1. Ética empresarial. 2. Comportamento organizacional. 3. Ambiente de trabalho. I. Título.

13-06189   CDD: 174.4
                                                     CDU: 174.4

Para Sofia, com todo o meu amor.

Para meus alunos, fonte de alegria e inspiração.

Prefácio

Escrever *Comportamento Organizacional: cultura e casos brasileiros* foi um desafio. O livro foi escrito em uma linguagem coloquial, na tentativa de estabelecer um diálogo próximo com os alunos de graduação e de especialização, público para o qual a obra é dirigida. Esforcei-me para trazer exemplos, novidades e questionamentos que prendessem a atenção do leitor, diariamente seduzido por estímulos muito rápidos, coloridos, sonoros e interessantes. Não foi tarefa fácil, mas consegui me manter no prumo (ou fora dele, para ser mais exata) graças ao apoio e à paciência do meu editor, Ricardo Redisch, a quem agradeço as incontáveis contribuições.

O livro aborda, embora não esgote, os principais tópicos em Comportamento Organizacional.

O primeiro capítulo, **Liderança**, discute o papel do líder e as implicações éticas do exercício da liderança. O leitor é convidado a refletir sobre seu potencial para liderar e o seu papel como liderado. William Ling, ex-CEO da Évora (anteriormente Petropar S/A) e atual membro do Conselho, foi escolhido para personificar o líder do futuro.

O segundo capítulo, **Relacionamento no Trabalho**, aborda vários tipos de relacionamento, desde os que surgem espontaneamente, como os de apoio mútuo ou de competição, até os que são impulsionados pelo exercício impróprio do poder, como o assédio sexual e o assédio moral. Nesse capítulo, questiono a existência da amizade e do romance no trabalho e as relações em empresas familiares. Milton e Sandra Chies, donos de uma rede de restaurantes que inclui o Palácio do Buffet, exemplificam um casal que consegue levar com sucesso a empresa e o casamento.

O terceiro capítulo, **Inovação e Mudança Organizacional**, trata das diferenças entre criatividade e inovação, das culturas favoráveis à inovação, dos processos de mudança organizacional e das resistências que eles ensejam. O juiz de Direito Leoberto Brancher apresenta nesse capítulo um exemplo de mudança interinstitucional, com o projeto Justiça Restaurativa.

O quarto capítulo é o da **Diversidade**. Qual o conceito de diversidade, o que significa gerenciar a diversidade, suas vantagens e suas dificuldades. O escolhido para representar o tema foi Gerson Winkler, um dos fundadores do Gapa, entidade de apoio e defesa da diversidade sexual. Gerson conheceu muitos casos em que a diversidade foi tratada como um problema organizacional, e não como um diferencial competitivo.

O quinto capítulo aborda a **Cultura Organizacional**. Escrevi sobre o conceito de cultura, como ela é criada, mantida e alterada, quais as dificuldades de integração cultural em processos de fusão e aquisição e qual o papel das subculturas nas organizações. Aqui, trouxe como exemplo a Engage, uma empresa nova e superdiferente, cuja cultura está sendo construída de forma clara e decidida.

O sexto capítulo discute o conceito e as origens da **Motivação** humana e o papel das organizações em manter seus colaboradores motivados. O exemplo apresentado foi o do professor Renato Zamora Flores, não pelos seus feitos acadêmicos, mas pela coordenação do projeto de extensão Patas Dadas, de recolhimento, tratamento, cuidados e encaminhamento para adoção de cães e de gatos perdidos na universidade na qual Renato trabalha. E não são poucos! Há uma lenda urbana entre os alunos que diz que, depois da terceira vez em que um aluno é reprovado em cálculo, ele se transforma em cachorro e é condenado a vagar pelo *campus*! Talvez isso explique por que o professor Renato tem tanto trabalho!

O sétimo capítulo aborda o **Comportamento Organizacional Baseado em Tecnologias de Informação e de Comunicação**. A forma pela qual essas tecnologias mudaram os relacionamentos e a forma de trabalho e de interação nas organizações é o foco do capítulo. Como ilustração e complemento, trouxe um texto de Jorge Alvorcem, sócio da Sul Defense Segurança Empresarial e tenente-coronel da Reserva da Brigada Militar- RS, que fala sobre os perigos ocultos na web e nas redes sociais.

O **Epílogo** retoma o que espero para as organizações do futuro: ambientes em que os líderes tóxicos não tenham vez nem voz; que a diversidade seja valorizada sem que os quietos sejam obrigados a fazer cursos de oratória para seguirem com suas carreiras; organizações de formatos inéditos, estranhos e fluidos, nas quais a ênfase seja a felicidade de quem nelas trabalha; e, finalmente, que a gestão possa ser como as artes marciais, nas quais quanto maior a força, maior o autocontrole e maior a responsabilidade. Ilustra esse capítulo final o mestre Alexandre Gomes, 7º *dan* de *tae kwon do*.

Agradeço de coração aos que participaram gentilmente dos capítulos e aceitaram compartilhar suas ideias e experiências com os leitores.

Agradeço ainda: aos alunos da graduação que me apoiaram na revisão dos textos com a indicação de empresas e leituras interessantes, em especial a Maurício Sampaio Vidor, Pablo Soares Valdez, Juliano Gonçalves Trevizan, Filipe Kramer Garcia, Nathália Amarante Pufal, Luana Franceschi, Luciele Ceconello, César Costa, e muitos outros; aos amigos das artes marciais Lodovico da Rosa Junior, Gian Francesco Jaskulski e Arthur Maia Baby Gomes; e a todos que me incentivaram.

Um agradecimento especial a Lucas Funchal, pela pesquisa de apoio a *sites* e publicações que podemos recomendar sem medo.

O meu muito obrigada também à Editora LTC do GEN e à Universidade Federal do Rio Grande do Sul (UFRGS), que viabilizaram o trabalho. A primeira com a confiança nas minhas habilidades como escritora; a segunda, pela oportunidade de convívio com meus alunos — sempre impagável.

Finalmente, agradeço a Sofia Romais a sua sugestão de acrescentar figuras de zumbis nos capítulos. Aprendi com ela que para uma criaturinha de 11 anos não vale a pena ler nada que não inclua um *walking dead*!

Boa leitura!

Sumário

Capítulo 1 Liderança 1
1 Liderando para o futuro 2
1.1 Quem é o líder do futuro... 2
2 O que se tem pensado sobre a liderança 5
2.1 O que é liderança?... 5
2.2 A saga dos guerreiros retratada nos primeiros estudos de liderança 6
2.3 Como evoluíram os estudos sobre liderança e como eles podem apoiar os gestores em suas decisões.. 7
  A teoria dos traços *7*
  As teorias comportamentais *8*
  As teorias contingenciais..*9*
  As abordagens contemporâneas da liderança *11*
2.4 O que se pode destacar em meio a tantos modelos 14
3 O líder como *coach* – um papel fundamental 15
4 Quem quer ser o líder? 15
4.1 Vamos brincar de siga o chefe?.. 15
4.2 Todos querem ser o líder? 17
4.3 Levo jeito para a liderança? 18
4.4 Quem são os líderes que admiro, e por quê? 19

Capítulo 2 Relacionamento no Trabalho 27
1 As organizações: um mundo habitado por seres humanos 28
1.1 Os terráqueos: seres que pensam e sentem, não necessariamente nessa ordem.. 30
2 O que fazer quando "pinta um clima"?... 31
2.1 O assédio sexual no trabalho: o exercício de poder como motivação principal para o relacionamento 32
2.2 Do assédio sexual ao assédio moral: os perversos entram novamente em ação 36
2.3 Relacionamentos no trabalho com motivações não perversas: a amizade no trabalho 38
2.4 Casamento e família no trabalho: isso dá certo? 39

3	Nas festas de final de ano	40
4	O estagiário	41
5	Relacionamento entre gerações: os Y e os X trabalham juntos	43
6	Relacionamento no ambiente corporativo: tendências para o futuro	45

Capítulo 3 Inovação e Mudança Organizacional 51

1	O papel do líder nos processos de mudança organizacional	53
2	O papel dos seguidores nos processos de mudança organizacional	56
3	Mudança em diferentes culturas organizacionais	57
4	Mudança e inovação: o modelo de Steve Jobs	58

Capítulo 4 Diversidade 67

1	Desabafo de um gestor no planeta *diversus*	68
2	Os desafios da diversidade	69
3	O papel do gestor nas organizações diversas	69
4	O que é e o que pode vir a ser a diversidade na sua organização	70
5	Preconceitos	76
6	Políticas de gestão que estimulem e valorizem a diversidade	77

Capítulo 5 Cultura Organizacional 85

1	A história de uma cultura ou a cultura como uma história	86
2	A criação e a consolidação de uma cultura	87
2.1	Criando uma cultura de inovação	89
2.2	Como transformar uma cultura organizacional	90
2.3	As subculturas	92
2.4	Mudanças culturais em fusões e aquisições	92
3	Cultura organizacional em instituições públicas	93

Capítulo 6 Motivação 103

1	Muito se fala em motivação e em motivar	104
2	Diferentes fontes de motivação	105
2.1	Mais recentemente	107
3	Diferentes formas de satisfazer diferentes necessidades: as políticas motivacionais customizadas	108
4	Como desmotivar seu funcionário em dez lições	108
5	Motivação no futuro	110

Capítulo 7 Comportamento Organizacional Baseado em Tecnologias de Informação e de Comunicação 119
1 Novas formas de comportamento organizacional na era digital 120
1.1 Liderança de equipes remotas 120
1.2 Cultura organizacional e a era digital 124
1.3 Relações virtuais são impessoais? 125
1.4 Gestão da diversidade a distância 126
1.5 Ética nos relacionamentos profissionais digitais 127

Epílogo Quatro Visões de Futuro 137
Visão 1: Será proibida a entrada de líderes tóxicos nas organizações 138
Visão 2: Os quietos também são bem-vindos 140
Visão 3: Vamos inventar novas formas de fazer negócios 141
Visão 4: As organizações têm algo a aprender com as artes marciais 142

Índice 149

1
Liderança

> *"Os verdadeiros líderes, voltados para os aspectos morais, iluminam dessa maneira o lado positivo de seus seguidores, revelando o que neles existe de bom, trazendo-lhes afinal a esperança."*
>
> James O'Toole
>
> *"Os líderes não infligem o sofrimento, eles o aliviam."*
>
> Max De Pree

Objetivos do capítulo

- Refletir sobre o papel do líder no presente e no futuro.
- Apresentar algumas definições consagradas de liderança.
- Apresentar as principais teorias existentes sobre liderança.
- Destacar o papel do líder como *coach*.
- Refletir sobre o perfil do líder e o perfil de quem pretende ser líder.

1 Liderando para o futuro

Há um ditado que diz que "a vida é o que nos acontece enquanto fazemos outros planos". Posso dizer que "o futuro é aquilo que nos alcança enquanto pensamos que ele está distante".

Desafiada a descrever o líder do futuro, procurei pensar a respeito do momento em que nossa sociedade, suas organizações e seus trabalhadores vivem, e quais as dificuldades que enfrentam. Também pensei em quais as alegrias e ganhos da conjuntura atual. Da forma como tentei descrever o líder do futuro, fiquei me perguntando se este é mesmo "do futuro" ou se nós, como sociedade, não estamos atrasados e este é o líder necessário no presente. Já enfrentamos problemas organizacionais e sociais como o assédio moral e a escassez de alimentos em alguns segmentos da população mundial. Muitos já se perguntam onde estão os líderes que transformarão nossas organizações e nosso globo em locais mais agradáveis para se viver. Não será fácil encontrá-los, e, ao longo do texto, você verá o porquê. Mas será que teremos de esperar que nasça algum iluminado ou podemos formar esses tipos humanos tão necessários? E será que os líderes são mesmo necessários para que as transformações ocorram? Uma revisão do que se tem pensado sobre a liderança pode ajudar a pensar sobre essas questões. Porque liderar é, antes de tudo, saber pensar. Olhar para o passado para aprender com ele, viver o presente para poder agir e imaginar o futuro para poder construí-lo.

Bem, aqui vai o perfil do líder que eu gostaria de ver em ação no futuro e, por que não, também no presente.

1.1 Quem é o líder do futuro

O líder é aquele que tem a visão de uma possibilidade até então não vislumbrada pelos demais. Ele propõe essa imagem e, mais do que qualquer outro, faz com que ela se torne realidade em uma construção conjunta com sua equipe, pares e superiores. Ele enxerga o futuro e age preparando a organização para crescer e sobreviver nos tempos que estão por vir. Ele é visionário, tem capacidade de planejamento e é empreendedor.

O líder não se sente pressionado por dualismos. Ele integra as melhores características de cada alternativa apresentada, minimiza seus problemas ou, se necessário e com muita frequência, cria uma terceira alternativa (ou uma quarta, uma quinta...) que atenda às necessidades de sua empresa, dos seus colaboradores e as suas próprias. Ele é criativo e sabe separar o essencial do supérfluo em cada projeto apresentado.

Quando se depara com conflitos, o líder sabe buscar elementos de convergência entre os diferentes pontos de vista apresentados. Ele é analítico, conciliador, e tem trânsito em todos os níveis hierárquicos.

Esse líder busca desenvolver a equipe, não tem medo de que seus colaboradores lhe façam "sombra", não teme ser ultrapassado pelos garotos da Geração Y, porque confia em sua experiência e capacidade. Ele é seguro e acredita que desenvolver o melhor de cada pessoa é o caminho para a inovação, para a autorrealização e para o bom clima organizacional. Ele sabe que a equipe é seu espelho e que ninguém mais cresce sozinho num mundo tão complexo.

A personalidade do líder é equilibrada. Ele age com moderação, é racional sem desprezar suas intuições, controla sua inveja e sua vaidade e é assertivo. Respeita os direitos dos outros sem permitir que desrespeitem os seus. Não se deixa tomar pela raiva e agressividade quando confrontado (desrespeito ao outro), nem pela submissão e o rancor (desrespeito a si mesmo). Em outras palavras, ele sabe respeitar a todos, inclusive a si mesmo.

O líder se preocupa em fazer as coisas dentro de princípios éticos e morais universalmente consagrados. Sua convicção em seus próprios valores (que devem estar alinhados com os valores da organização na qual atua) é a baliza para a tomada de decisão – uma vez que, com os valores claros e definidos, não há dilemas éticos a perturbá-lo em tempos de tantas facilidades para o comportamento não ético. O líder é ético sempre.

O líder é inteligente. Pensa rápido, compreende velozmente as informações que recebe, integra essas informações, as transforma, as reconstrói, acrescenta. Tem facilidade tanto com os números quanto com as palavras, e demonstra essa facilidade de diversas maneiras, seja na forma escrita, oral ou em representações gráficas. Ele absorve com facilidade novas tecnologias, lê muito e compreende o que lê, relacionando cada texto com informações de outras fontes. É capaz de posicionar-se de forma crítica e clara diante das inúmeras informações que recebe, e também é capaz de estabelecer prioridades entre elas. Sabe separar modismos de ferramentas relevantes e úteis, boatos de acontecimentos, e identificar notícias tendenciosas, errôneas ou ilógicas. Percebe quando está faltando alguma peça do quebra-cabeças organizacional.

Esse líder não se interessa somente por gestão. Sabe que estar a par dos acontecimentos globais é fundamental para entender sua organização, seus clientes, sua comunidade, seus fornecedores, colaboradores, e, principalmente, para desenhar o futuro. Ele conhece arte, história, filosofia, ciência, porque é assim que se compreende o mundo. Ele é culto e consegue estabelecer uma conversação natural sobre os mais variados assuntos.

O líder se comunica bem. Ele conta histórias. Cada história – mesmo que você não perceba no momento em que ela é contada – ensina algo, aponta para a possibilidade de desenvolvimento de alguma habilidade, mostra um futuro promissor, desenvolve a crença nas próprias possibilidades de quem as escuta, estabelece sentimentos de confiança. Ao contar a história, é comum o líder incluir elementos engraçados e cativar a atenção da plateia.

O líder é bem-humorado e espirituoso. Tem jogo de cintura e imaginação, parece absolutamente à vontade e espontâneo em qualquer situação, muito embora essa aparência seja fruto não só de seus dotes naturais, mas de muito treinamento, estudo e dedicação.

A capacidade de comunicação do líder deve incluir mais do que o idioma materno. Que tal inglês? Espanhol, francês ou italiano? Mandarim? Há duas ou três décadas, o consultor e escritor Robert Wong[1] já aconselhava a aprendermos, além do inglês – e do português, obviamente –, um idioma latino e um oriental.

E por falar em Robert Wong, ele sempre aborda em suas palestras uma história familiar que me parece portar uma mensagem fundamental. Conta Wong que seu pai lhe ensinava que, se uma pessoa tem saúde, ela tem "um". Se tiver também amizades, acrescentará um zero e ficará com dez; se tiver dinheiro, acrescentará mais um zero e ficará com cem e assim por diante. Mas se perder a saúde, fica apenas com zero, ou seja, nada que lhe valha. A história de Wong nos faz refletir sobre a capacidade do líder de cuidar de si, e não somente dos outros ou da organização. Ele cuida de si nos sentidos físico, psicológico, espiritual, intelectual, social e familiar. Assim, ele não faz o gênero *workaholic*. Ele sabe que, se estiver bem, poderá fazer melhor seu trabalho, apoiar fortemente seus colaboradores e obter os melhores resultados para sua organização. Além disso, ele será um familiar responsável que não causará maiores preocupações aos demais, deixando-os livres para cuidarem de si próprios.

O líder atua em redes, em equipes, em projetos. Não fica preso a estruturas rígidas, nem a linhas únicas de comando, tampouco a hierarquias. O que define sua forma de gestão são as capacidades e os conhecimentos integrados. O líder reúne indivíduos talentosos, orienta quando necessário, lhes oferece autonomia e metas claras, os acompanha e se responsabiliza com eles pelos resultados. Ele busca a sinergia e sabe identificar e atrair talentos para sua organização e para seus projetos. É um líder agregador.

O líder tem facilidade com os recursos que a tecnologia da informação oferece. Ainda que não tenha sido criado na era dos sistemas de informações, conseguiu se familiarizar com eles, dominá-los e fazer o melhor uso possível das ferramentas disponíveis. O líder tem abertura para o novo.

A flexibilidade é uma última característica a destacar em nosso líder do futuro. Ele compreende o dinamismo do mundo dos negócios e sabe propor mudanças, planejar novos processos, vencer resistências e conquistar adeptos. O líder muda o ambiente ao seu redor e muda a si mesmo, de forma adaptativa e criativa.

É muito? Sim. Mas quantos líderes de verdade você conhece? Não me refiro àqueles que ocupam cargos de comando, mas àqueles que você se lembra com um carinho e uma admiração especiais quando lhe perguntam quem você conhece que seja um verdadeiro líder em uma organização na qual você trabalha ou trabalhou. Não são muitos, não é verdade?

Não quero dizer que o líder é perfeito, um ser humano acima de qualquer problema, mas ele conhece e domina suas dificuldades e desenvolve seu potencial e o potencial alheio.

Não existirá líder no futuro que não pense de forma ética, que não se preocupe com sua comunidade ou que pense que a globalização veio apenas para alavancar os lucros das empresas sem representar ameaças, não só aos negócios, mas à segurança pública, à paz mundial e ao meio ambiente. O líder do futuro trabalhará não só para construir uma organização melhor, mas para construir um mundo melhor. Ele é responsável. No fundo, um idealista. No mais, o necessário.

2 O que se tem pensado sobre a liderança

2.1 O que é liderança?

Não existe uma única definição de liderança. Vamos encontrar conceitos que enfatizam o exercício de influência do líder sobre os demais; a capacidade de fazer com que os outros façam aquilo que queremos que façam e se sintam satisfeitos com isso; a capacidade de construir e comunicar uma visão de futuro, motivando a equipe a perseguir a imagem desenhada pelo líder; a capacidade de agregar significado ao trabalho, de mobilizar os colaboradores, de gerir conflitos; a capacidade de contar histórias que retratem a cultura organizacional e inspirem os subordinados a adotá-la; o alinhamento entre os objetivos organizacionais e os esforços das pessoas, e muito mais.

O exame da produção acadêmica sobre líderes e liderança sugere uma transformação nos conceitos e nas teorias que buscam explicar o fenômeno. **Compreender o desenvolvimento de lideranças, descrever as características e o comportamento do líder eficaz, bem como destacar suas relações com seus subordinados e seus compromissos éticos, são alguns dos focos dos estudos mais estruturados a partir do início do século passado, desde a formalização da Teoria dos Traços.**

Os estudos sobre liderança, presumivelmente seguindo uma tendência dos estudos em História e Filosofia, focaram-se inicialmente nas características e no perfil dos líderes (Teoria dos Traços). Posteriormente os estudos passaram a enfocar não mais os traços de personalidade, mas o comportamento manifesto do líder e seus efeitos sobre as equipes de trabalho (Teorias Comportamentais). Em um terceiro momento, os estudos avançaram no sentido de incluir a relação dinâmica entre o líder, seus subordinados e o ambiente (Liderança Situacional), seu papel predominante (Liderança Transacional e Liderança Transformacional) e, mais recentemente, seus compromissos morais (Liderança Baseada em Valores, Liderança Moral, Liderança Servidora). Tais estudos vêm alimentando o debate acerca dos conceitos que devem embasar a tomada de decisão dos profissionais da cúpula das organizações e dos executivos de Gestão de Pessoas, e subsidiam – por vezes de forma conflitante – a busca de respostas a questões como: é possível desenvolver um líder ou a liderança é um traço inato? O estilo de liderança pode, ou deve, ser alterado de acordo com as circunstâncias? Situações de emergência justificam estilos autoritários? Os subordinados sempre legitimam a liderança que possuem? Qual a diferença entre o líder e o gestor?

No cenário atual, em que as organizações necessitam de líderes com novas qualificações, como, por exemplo, os executivos globais ou os líderes sociais para o terceiro setor, torna-se ainda mais provável que se encontrem muitos gestores distantes de um consenso sobre qual ou quais teorias e conceitos devem embasar suas ações.

2.2 A saga dos guerreiros retratada nos primeiros estudos de liderança

Os estudos sobre liderança se iniciaram com o exame minucioso da vida, da obra e da personalidade dos líderes políticos e militares ao longo da história da humanidade.

De Leônidas, o líder militar que comandou os espartanos na famosa batalha no desfiladeiro de Termópilas, ao líder comunista soviético Stalin, diversas biografias foram escritas na tentativa de desvendar o que transformou esses sujeitos em líderes reconhecidos que influenciaram o destino de multidões.

A visão dos líderes é quase sempre mitológica. As façanhas dos guerreiros que enfrentaram exércitos superiores aos seus, os feitos de grandes homens que influenciaram o pensamento de toda uma geração, refletem uma saga na qual o herói parte de uma situação conflitante, perigosa ou caótica e conduz seu povo à prosperidade e à paz, tal qual Moisés ao libertar o povo judeu da escravidão no Egito.[2]

As grandes sagas, os romances e os dramas, expressão dos mitos acerca dos grandes líderes, e a História, como proposta de um retrato fiel dos acontecimentos, não deixam dúvidas da importância que vem sendo atribuída à liderança. Alexandre, Napoleão, Lutero e muitos outros tiveram suas vidas apresentadas em romances, filmes e livros em diferentes versões. O que ainda carece de consenso, entretanto, são os significados da palavra liderança.

A liderança pode significar exercer influência sobre pessoas ou grupos; exercer poder; o resultado de uma ação pessoal de um indivíduo carismático que consegue persuadir os demais em relação a um modo de pensar, agir ou em relação a um conjunto de objetivos; a ação de um indivíduo que toma a iniciativa de coordenar um grupo e é reconhecido por este como um líder, na medida em que atende às suas necessidades [do grupo]; liderança como um papel formal, através do qual o indivíduo legitima suas ações de comando; liderança como um papel informal que o indivíduo assume de forma espontânea em uma situação de conflito, mudança ou desorganização; liderança como a capacidade de reunir esforços; e liderança como uma forma de conciliar interesses e visões aparentemente conflitantes.

Um conceito que vale a pena ser lembrado é adotado por Bass em seu *Handbook of Leadership*:

> "Liderança é a interação entre dois ou mais membros de um grupo que, com frequência, envolve a estruturação ou reestruturação da situação e das percepções e expectativas dos membros. Líderes são agentes de mudança – pessoas cujos atos afetam outras pessoas mais do que os atos de outras pessoas os afetam. Liderança ocorre quando um membro do grupo modifica a motivação ou competências dos demais."[3]

2.3 Como evoluíram os estudos sobre liderança e como eles podem apoiar os gestores em suas decisões

As teorias acerca do desenvolvimento dos líderes e do fenômeno da liderança sofreram transformações ao longo do tempo, na medida em que os estudos foram aumentando sua amplitude – inicialmente focados unicamente na figura do líder –, abrangendo também a sua relação com os subordinados, com o contexto, o acesso ao conhecimento e os valores éticos predominantes em determinado momento.

A teoria dos traços

Uma das primeiras tentativas de explicação do fenômeno da liderança se deu a partir do estudo dos traços de personalidade dos grandes líderes, muitos dos quais comandantes militares, originando o que se chamou a Teoria dos Traços. A história de cada líder foi minuciosamente estudada na tentativa de identificar os traços que fazem de uma pessoa um líder e que, consequentemente, a distinguem dos não líderes.

Foram estudados traços antropométricos (peso, altura, origem étnica, gênero etc.), biográficos (história familiar, formação acadêmica, problemas de saúde, padrão socioeconômico, posição na constelação familiar) e de personalidade (carisma, extroversão, capacidade de comunicação e de persuasão, iniciativa e flexibilidade, resiliência, capacidade de relacionamento, nível de ambição, entre outros). Aspectos cognitivos, como inteligência geral e inteligência voltada para a resolução de problemas em áreas específicas, também foram considerados.

O aspecto problemático dessa abordagem, percebido pelos pesquisadores, é o de que não é possível elencar uma relação única de traços, comum a todos os líderes. Há líderes que não são flexíveis e outros que o são, assim como há pessoas com quocientes elevados de inteligência que não exercem funções de liderança.

Robbins[4] observa que a Teoria dos Traços não obteve mais sucesso em explicar a liderança por, no mínimo, quatro razões: as necessidades dos seguidores não são consideradas, não há evidências da importância relativa de cada traço na formação da personalidade de um líder, não é estabelecida a relação de causa-efeito entre o traço e o ato de liderar e os fatores situacionais são ignorados. Em razão dessas limitações, os estudos empreendidos entre as décadas de 1940 e 1960 passaram a se preocupar com os comportamentos preferidos pelos líderes.

Assim, o pressuposto central da Teoria dos Traços poderia ser "cada um é o que é" – sugerindo que o ser humano é fortemente influenciado por características genéticas, incluindo o temperamento, e possui características de personalidade que sofrem baixa ou nenhuma influência do meio, sobretudo a partir do final da infância. Consequência dessa forma de pensar pode ser investir pouco em treinamento de líderes, investir muito na sua seleção e avaliar a formação familiar e a história pessoal do candidato a líder. Investir em dinâmicas de grupo no processo seletivo de líderes também é recomendável a partir dessa abordagem.

As teorias comportamentais

As Teorias Comportamentais, conforme assinalado anteriormente, **procuraram identificar e descrever os comportamentos característicos dos líderes, partindo do pressuposto de que aqueles indivíduos que conseguissem apresentar determinados comportamentos poderiam desempenhar-se eficazmente como líderes.** Esses estudos tiveram início na década de 1940, e o mais conhecido e utilizado é o de Blake e Mouton, de 1964. Os pesquisadores praticamente sintetizaram os estudos comportamentais anteriores e apresentaram o ***Grid* Gerencial**, que tem por base dois estilos: "preocupação com pessoas" e "preocupação com produção".

Blake e Mouton partem do pressuposto de que as capacidades gerenciais podem ser aprendidas. Nesse sentido, oferecem seu *Grid* como um instrumento de treinamento para aqueles que desejam desenvolver-se como gerentes eficazes.

O *Grid* Gerencial apresenta resultados obtidos das combinações dos eixos "Orientação para Produção (resultados)" e "Orientação para Pessoas". Cada orientação é expressa numa escala de nove pontos, sendo nove o valor indicativo da orientação máxima. Assim, os autores descrevem cinco estilos: 1.1 – orientação mínima com relação a pessoas e tarefa; 1.9 – mínimo de orientação para a produção e máximo para pessoas; 9.1 – preocupação máxima com a produção e mínima com as pessoas; 9.9 – orientação máxima para ambos os aspectos, pessoas e produção; e 5.5 – situa-se em posição intermediária entre ambas as orientações.[5]

O *Grid* Gerencial propõe o que muitos consideram estilos de liderança, e deu margem a uma série de novas propostas sobre as possíveis formas características de liderar e suas influências sobre o comportamento dos subordinados.

Os autores apontam, ainda, três tipos de pressões que interferem na forma de administrar, ou seja, no comportamento gerencial: as pressões internas, do próprio indivíduo; as pressões externas, ou seja, do ambiente; e as características do sistema organizacional, tais como tradições, procedimentos, cultura e práticas. Uma cultura rígida, que incentive o autoritarismo e a centralização das decisões, com uma estrutura hierárquica bem definida, certamente vai atrair, estimular e reter líderes com propensão ao autoritarismo, haja vista que nesse tipo de cultura eles se sentirão respaldados e mais confortáveis para extravasar suas tendências. As pressões internas podem ser o nível de autoexigência ou o perfeccionismo; o receio de ser visto como pouco assertivo; o medo de fracassar, entre outros.

As abordagens comportamentais avançam em relação à Teoria dos Traços ao considerar estilos predominantes, mas ainda não levam em conta o contexto no qual líder e liderados estão inseridos.

Assim, abre-se o campo para a busca de explicações sobre as formas através das quais as situações interferem no comportamento gerencial, foco dos estudos contingenciais posteriores.

O pressuposto básico da teoria comportamental poderia ser expresso da seguinte forma: "O esforço leva ao resultado." As características herdadas não são tão poderosas quanto as influências ambientais, de forma que é possível o treinamento de líderes – quiçá transformar não líderes em líderes, não somente aprimorar líderes. Mesmo traços de personalidade consolidados não seriam impeditivos para os esforços de treinamento e desenvolvimento.

Antes de prosseguirmos cabe ressaltar que, neste capítulo, a autora não está se atendo ao conceito puro de liderança. O leitor se verá diante dos termos "gestor e líder", muitas vezes de forma indistinta. No *Grid* Gerencial, por exemplo, observa-se a preocupação com o comportamento do gerente. Na Teoria dos Traços, aparece com muito mais frequência a palavra líder. Não me cabe aqui apresentar a distinção entre os dois termos, que, de acordo com a abordagem teórica, poderão ser utilizados indistintamente. Para aqueles que desejam aprofundar o conhecimento sobre a distinção entre líder e gerente, sugiro iniciar pela leitura do texto de Abraham Zaleznik, *Gerentes e Líderes São Diferentes?*[6] Entretanto, ressalto que, para muitos, essa discussão já está tão ultrapassada quanto a discussão sobre a determinação genética ou ambiental na formação do líder. **Entende-se que todo gestor deve ser um líder em algum aspecto e que todo líder deve gerenciar algo.** Da mesma forma, diversos autores entendem que a formação de um líder envolve tanto traços inatos quanto as influências do ambiente, embora não saibamos em que proporção cada tipo de influência é exercida e em quais casos.

As teorias contingenciais

Diversos autores procuraram compreender a influência das circunstâncias sobre a relação líder-liderado e sobre a eficácia do líder, em pesquisas que foram agrupadas dentro das Teorias Contingenciais.

Destacarei em especial a **Liderança Situacional** de Hersey e Blanchard, que obteve reconhecimento no Brasil sobretudo pela publicação do trabalho em língua portuguesa, em 1975, com o título *Psicologia para Administradores: A Teoria e as Técnicas da*

Liderança Situacional; e pela importação do *know-how* da Liderança Situacional por uma franquia brasileira, que o divulgou em grandes empresas pelo país a partir da década de 1980 e que continua desenvolvendo aplicações do modelo até os dias de hoje, incluindo os modelos de influência situacional em vendas, serviços, *coaching* e família.

A ideia desse modelo é que devem ser considerados três fatores-chave para a aplicação do estilo de liderança correto: o líder, os liderados e a situação. Parte da situação é definida pelo ambiente organizacional, que seria, segundo os autores, a composição das variáveis relacionadas ao líder, aos subordinados, aos superiores, colegas, exigências do cargo e características da organização. Por estilo de um líder, os autores entendem que é um padrão de comportamento observável adotado regularmente no trabalho e reconhecido como tal pelos demais.

Assim, o diagnóstico do ambiente é decisivo para a eficácia da ação gerencial. Nesse diagnóstico estão incluídas as análises acerca das expectativas da organização, dos superiores e dos pares sobre o estilo de liderança que será apresentado, e – elemento-chave do modelo de Liderança Situacional – a eficácia na ação gerencial depende da análise dos estilos e expectativas dos subordinados. O estilo do líder deve coincidir com as expectativas dos subordinados. Caso não haja essa coincidência, algo deve mudar: ou o estilo do líder ou as expectativas da equipe.

Na análise situacional, deverão ser incluídas as variáveis exigências do cargo, estruturação da tarefa, capacidade dos subordinados, sistemas de controle existentes e o tempo necessário para a tomada de decisão. As variáveis do ambiente externo também deverão ser consideradas.

O que caracteriza o modelo de Liderança Situacional é a análise, pelo líder, do grau de maturidade dos subordinados. "Na Liderança Situacional define-se a maturidade como a capacidade e a disposição das pessoas de assumir a responsabilidade de dirigir seu próprio comportamento." A variável maturidade não pode ser considerada de forma isolada. Ela deve ser considerada "somente em relação a uma tarefa específica a ser realizada".

Na matriz da Liderança Situacional, que relaciona o estilo desejável do líder com o grau de maturidade dos subordinados, encontram-se quatro estilos possíveis: determinar, persuadir, compartilhar, delegar – cada qual correspondendo a maior ênfase na tarefa ou no relacionamento, ou em ambos, ou em nenhum. Observa-se que o estilo a ser praticado é tanto mais participativo quanto maior o grau de maturidade dos subordinados, e, em oposição, mais autocrático quanto menor o nível de maturidade dos subordinados.

O líder situacional eficaz é aquele que consegue adaptar seu estilo de liderança ao grau de maturidade dos subordinados e não se fixa a um estilo único preferencial.[7]

"Tudo depende", como diria James O'Toole em sua crítica aos modelos contingenciais, é uma forma de expressar o pressuposto básico da Liderança Situacional. Os que compartilham dessa teoria contam um pouco com a sorte (se houver correlação favorável entre líder e liderados será ótimo), muito com a flexibilidade do líder (que adapta seu estilo de liderança ao grau de maturidade dos subordinados), mais ainda com a capacidade de evolução dos liderados (e involução também, dependendo dos novos desafios a que são expostos) e, ainda, com a possibilidade de trocar o líder ou a equipe, se tudo o mais falhar. Não há nenhum prurido moral em utilizarem-se estilos de liderança autoritários, afinal, tudo depende das circunstâncias.

As abordagens contemporâneas da liderança

Diversas abordagens têm surgido ao logo das últimas duas ou três décadas. A autora selecionou três dessas abordagens para discussão neste livro, utilizando como critério a frequência com que tais abordagens são apresentadas em livros de Comportamento Organizacional e artigos da área de administração. Tal frequência não foi mensurada através de tratamento estatístico, mas de uma análise assumidamente intuitiva. As três abordagens escolhidas foram a Liderança Carismática, a Liderança Transformacional (que muitas vezes é apresentada como uma abordagem superior à da Liderança Transacional, que também será apresentada a seguir) e a Liderança Moral – que será exemplificada pela Liderança Baseada em Valores, de James O'Toole.

A Liderança Carismática afirma que o líder influencia fortemente seus subordinados a partir de traços de personalidade que o fazem parecer convincente, entusiasmado, forte ou até mesmo heroico. Novamente, os estudos procuraram diferenciar líderes carismáticos dos não carismáticos. Entre as características indicadas pelos seguidores como determinantes de uma liderança carismática encontram-se a capacidade de oratória, de contato, a coragem, a iniciativa e a compreensão das necessidades dos liderados.

Pode-se inferir que a Teoria da Liderança Carismática se aproxima da Teoria dos Traços, uma vez que o carisma pode ser observado como um dos traços do líder em diversas biografias de grandes líderes, tais como a de Martin Luther King.

A Liderança Carismática também apresenta seus aspectos controversos na medida em que o carisma pode ser utilizado para fins de manipulação dos subordinados e para afirmação de interesses ilegítimos do líder. O líder carismático que não preza a ética como um valor central em suas ações frequentemente utiliza seu poder de persuasão para levar os liderados a atingir os objetivos do próprio líder, atuando de forma individualista e, não raro, trágica para aqueles que o seguem.

Quanto à Liderança Transformacional, é importante conhecermos o modelo que a precedeu e que, de certa forma, acabou representando involuntariamente e no senso comum o seu oposto: o da Liderança Transacional.

A **Liderança Transacional**, segundo Wagner III e Hollenbeck, foi sugerida por Edward Hollander. O modelo transacional envolve a integração dos vetores líder, seguidores e situação.

A Liderança Transacional é uma teoria de trocas sociais, uma transação negociada. "A liderança pode ser entendida como uma troca social, de recursos materiais e de benefícios psicológicos (...) os benefícios para ambos, líder e seguidor, excedem os custos da transação."[8]

Hollander afirma que a transação é satisfatória se "o líder oferece elementos de valor aos seguidores tais como senso de direção, valores e reconhecimento, e recebe outras coisas em troca, como estima e receptividade". O líder, para ser efetivo, deve ser visto como justo e como alguém que auxilia o grupo a atender suas necessidades.

O pressuposto dos adeptos da liderança transacional poderia ser "sejamos realistas" ou "toma lá dá cá". Para os adeptos do modelo, a suposição é de que trocas, benefícios e vantagens movem o comportamento humano. Assim, algo somente é oferecido na expectativa de ganho futuro.

Já **no modelo de Liderança Transformacional, o líder é aquele que inspira os demais e os leva a desenvolver seu potencial, a tornarem-se pessoas melhores, a transformar suas histórias**.

Burns caracteriza a Liderança Transformacional como uma transformação mais profunda em estruturas, processos e condições nas quais líderes e liderados atuam, diferentemente da Liderança Transacional, na qual as mudanças são operadas dentro dos parâmetros preexistentes. Essa distinção nos remete a estudos que propõem que o líder inova e transforma o contexto e o gestor atua dentro de normas e regras predefinidas.

Na Liderança Transformacional há um compromisso do líder com o desenvolvimento dos seus subordinados, da mesma forma que há uma crença entre os subordinados de que o líder pode apoiá-los no seu processo de autodesenvolvimento. O alto nível de confiança mútua que se estabelece entre líder e seguidores gera uma identidade de grupo, o esforço para a realização de objetivos comuns, e propicia as mudanças organizacionais necessárias para o desenvolvimento de empresas e de pessoas. A delegação eficaz está na base do processo de construção de laços de confiança.

Burns assegura que os líderes que trabalham com os mais elevados estágios de desenvolvimento moral são guiados por princípios universais, como da justiça, dos direitos humanos e do respeito à dignidade humana. Desses princípios emergem os valores do líder moral e suas práticas. Personalidades que exerceram grande influência sobre a sociedade sem, contudo, exercê-la de forma construtiva e socialmente aceitável não podem ser considerados líderes. Adolf Hitler seria o exemplo mais claro de indivíduo carismático e influente, mas que conduziu o povo alemão e a

Europa a uma situação humanamente deplorável. Ao contrário, diz Burns, referindo-se aos líderes transformacionais, "... esse é o tipo de liderança que opera com níveis de valores e de necessidades maiores do que aqueles de seus potenciais colaboradores (mas não tão elevados que o façam perder o contato)". Um líder transformacional, na visão de Burns, jamais teria incentivado e perpetrado crimes contra a humanidade em nome de um suposto "bem-estar" do povo alemão.[9]

"Um mundo melhor é possível" parece ser o pressuposto dos adeptos da liderança transformacional: podemos e devemos desenvolver o que há de melhor em cada colaborador, acreditamos que eles [os colaboradores] saberão aproveitar a oportunidade e que nós [os líderes] saberemos dar nosso melhor em prol do desenvolvimento humano.

Neste ponto da revisão dos estudos acerca da Liderança, há maturidade para o debate sobre a Liderança Moral, caminho trilhado por Burns em sua Liderança Transformacional, que, conforme será possível ver a seguir, inclui sempre uma base em valores compartilhados por uma determinada sociedade. Destaca-se que utilizo os termos **Liderança Moral** e **Liderança Ética** como sinônimos, embora se saiba das diferenças semânticas entre os conceitos e suas implicações.

Uma das abordagens mais interessantes sobre a Liderança Moral, em minha opinião, foi apresentada por James O'Toole em 1995 (e publicada no Brasil em 1997) sob o título *Liderança Baseada em Valores*. Conforme o título sugere, O'Toole destaca a necessidade de uma base de valores forte e definida, consoante aos valores universalmente aceitos como morais, que sirvam de esteio a toda e qualquer atitude, decisão e comportamento do líder. Nesse sentido, o autor ratifica o que já havia sido pensado por Burns. Entretanto, o que O'Toole avança em seu trabalho é na busca de uma explicação clara e coerente sobre a origem dos valores do líder e a origem das metas a que ele e seus seguidores se propõem. A visão do líder é construída com base nas expectativas dos seguidores e com os seguidores. "... a visão do líder passa a ser deles [os seguidores], pois foi construída sobre os alicerces de suas necessidades e aspirações".

O'Toole opõe-se vigorosamente à Liderança Situacional quando contrapõe o componente moral da liderança. "Não existe situação que justifique uma liderança amoral", nem emergências, nem as crises – crises estas que muitas vezes são criadas pelos próprios líderes para que eles mesmos se ocupem em resolvê-las! Não há justificativa para um comportamento abusivo, autocrático e desrespeitoso para com os subordinados. "... liderar no sentido de mudança não depende de circunstâncias, mas de atitudes, valores e ações dos líderes. (...) O líder deve adotar o comportamento **inatural** de liderar **sempre** com base nos valores esposados, de forma coerente, não somente quando as circunstâncias são favoráveis."

O'Toole analisa diversos líderes e as causas de resistência às mudanças propostas por eles. Ele conclui que ninguém gosta de agir segundo a vontade de outros, imposta de forma unilateral e autocrática.

Embora O'Toole admita que não há no mundo um líder perfeito (supõe-se, porque não há no mundo uma pessoa perfeita), alguns atributos devem ser perseguidos pelo candidato a líder baseado em valores, ainda que – como o autor mesmo disse – pareçam em algum momento inaturais: coragem, autenticidade, integridade, visão, paixão, convicção, persistência, disposição de ouvir os outros, encorajar opiniões divergentes, delegar autoridade, formar novos líderes, liderar através do exemplo, educar, inspirar confiança e esperança em seus liderados. Acima de tudo, o líder baseado em valores deve ter coragem moral, respeito pelos liderados e lealdade para com seus seguidores.

Os pressupostos da Liderança Baseada em Valores são apresentados de forma clara: "... o processo de liderança baseada em valores é a criação de uma simetria moral entre aqueles com valores conflitantes."[10]

"Ética acima de tudo" – os partidários dessa teoria compartilham da Teoria Y de McGregor e acreditam que o ser humano deve, a princípio e independentemente das circunstâncias, ser tratado de forma respeitosa. Nada do que o membro da equipe faça ou diga justifica um comportamento amoral. Pode justificar, entretanto, seu afastamento da equipe, apesar de que a demissão deve ser a última alternativa para o líder moral.

2.4 O que se pode destacar em meio a tantos modelos

"A primeira responsabilidade do líder é definir a realidade. A restante é dizer muito obrigado. Entre as duas, o líder deve tornar-se um servidor e um devedor."[11] Essa frase, apresentada por Max De Pree em seu livro *On Leadership* (*Liderar É uma Arte*), atesta a crença do autor na Liderança Moral e, implicitamente, na dificuldade de forjarem-se líderes eficazes – afinal, poucos são os artistas talentosos.

Observe agora esta definição de John Gardner: "Liderança é o processo de persuasão ou exemplo através do qual um indivíduo (ou grupo de líderes) induz um grupo a perseguir objetivos mantidos pelo líder ou compartilhados pelo líder com seus seguidores."[12]

Gardner apresenta um conceito aparentemente despreocupado com questões éticas, na medida em que – reforço: aparentemente – não apresenta preocupação especial com as necessidades dos seguidores. Entretanto, ao leitor de *On Leadership* não restam dúvidas das preocupações morais do autor com a interação líder-grupo, com a definição de valores, com a comunicação eficaz e com a resolução de demandas conflitantes.

Essa questão alerta para a necessidade de que estudantes, profissionais e pesquisadores sejam especialmente cuidadosos com os conceitos de liderança recortados de textos amplos, que podem sugerir significados diferentes daqueles pretendidos pelos autores. Diversos autores já haviam alertado (incluindo John Gardner) sobre a profusão de conceitos e de tentativas (muitas malsucedidas) de explicar-se o fenômeno da liderança. Ratifica, da mesma forma, o que senso comum entre professores universitários parece atestar: o "recorta e cola" que os recursos de computação ensejam podem distorcer conceitos aparentemente sólidos e gerar toda a espécie de dúvida.

As teorias apresentadas possuem implicações na prática gerencial, na definição de políticas e procedimentos de gestão de pessoas; na formação e manutenção da cultura organizacional e na definição e manutenção dos valores organizacionais.

3 O líder como *coach* – um papel fundamental

O líder está em uma posição privilegiada para exercer o papel de *coach*. Por sua experiência, influência e conhecimento, ele é capaz de orientar seus subordinados – sobretudo os iniciantes –, apoiá-los no planejamento de suas carreiras, identificar e desenvolver seu potencial. **Quando o papel de *coach* é bem desenvolvido, cada membro da equipe recebe um *feedback* acerca de seus pontos fortes e carências, bem como da forma de superar eventuais falhas, problemas e conflitos.** O *coach* visa à melhoria do desempenho, mas é bem mais do que isso. Esse processo, que pode envolver acompanhamento, orientação, avaliação, educação e aconselhamento, reduz os conflitos interpessoais, ajuda na definição de metas e estreita os laços entre líder e subordinado. Além disso, o *coach* facilita o alinhamento dos valores dos membros da equipe aos valores organizacionais, gera motivação entre os indivíduos, reduz falhas de comunicação e acarreta melhorias no clima organizacional. Assim, esse papel do líder pode ser visto como parte de uma estratégia de reconhecimento e reforço dos pontos positivos de todos os colaboradores.

4 Quem quer ser o líder?

4.1 Vamos brincar de siga o chefe?

Desde crianças percebemos que o líder tem um papel importante a desempenhar e, acima de tudo, que o líder é "popular". A conhecida brincadeira de siga o chefe, na qual todas as crianças querem ser o líder, é um exercício precoce de mandar e ser obedecido nas demandas que imaginarmos. Agora todos pulando num pé só! E todos pulam. Quando crescemos, rapidamente nos damos conta de que nem sempre (ou quase nunca) as pessoas fazem exatamente o que gostaríamos que fizessem ou o que as mandamos fazer. Mas a lembrança da experiência de ser bem-sucedido em nossos comandos fica em algum lugar do nosso inconsciente.

Algumas pessoas tentam driblar o fato inegável de que os outros podem não querer ser comandados, ingressando no mundo do trabalho em instituições com hierarquias rígidas, como as instituições militares, eclesiásticas, e muitas organizações burocráticas – públicas e privadas – que encontramos por aí. Quando há hierarquia rígida e cadeia de comando bem definida, as probabilidades de que alguém seja obedecido em razão do cargo que ocupa são maiores, embora não garantidas.

Antes de obedecer a uma ordem que não lhe pareça justa, agradável ou possível, o comandado fará um balanço da relação custo-benefício de obedecer ou desobedecer à ordem dada. O que me custaria menos, pensa o soldado, amargar três dias de detenção ou descascar batatas por uma semana? O cálculo envolve um delicado balanço, nem sempre consciente, de diversos aspectos. Deixando de lado a visão caricata que se possa ter das atividades militares, como a do soldado raso descascando batatas, pensemos nesse balanço em uma grande multinacional, de estrutura burocrática. O gerente manda o estagiário tirar cópias de uma montanha de documentos. Ele aceita o trabalho sem graça, que não parece contribuir para a sua formação acadêmica, ou recusa-se e aceita o risco de ser demitido? Em jogo aqui as consequências. Do que depende a decisão? Necessidade de ter uma atividade remunerada pode ser um bom motivo. Mas garante o comportamento até que surja outra atividade remunerada mais interessante.

Encarar a pilha de cópias como um ritual de passagem e pensar que é apenas uma reafirmação inicial do lado caricato do estagiário? Vale, se for somente por um curto período de tempo. Mas se não há mais ninguém que faça cópias por longas semanas ou meses, a probabilidade de que o estagiário procure ares mais desafiadores é muito grande.

Esperanças de vir a progredir? Há pessoas que acreditam que o trabalho duro leva ao reino dos céus no melhor da tradição protestante. Foram ensinadas a aceitar em determinados momentos de suas vidas a ideia de que devem iniciar de baixo e ir galgando os degraus da hierarquia organizacional. Talvez esse pensamento fosse válido no tempo dos nossos pais ou avós, mas hoje não é o mais produtivo. As empresas – ao menos as melhores para se trabalhar – não são mais feitas de degraus, de forma que não precisamos começar do início e ir passo a passo, sempre para cima e para a frente. Assim, **obedecer a determinações porque elas nos levarão ao próximo degrau pode ser um erro, já que nem mesmo temos mais a escada!**

Um motivo desconfortável para seguir o líder é o medo. Medo de errar, de contrariar, de ser demitido, excluído, expurgado para o mundo dos sem trabalho e dos sem carreira. Ninguém gosta de sentir medo, mas o medo nos protege de algo ou nos avisa algo. Já imaginou se não tivéssemos medo de animais peçonhentos? Se você obedece ao líder por medo, a pergunta é: medo de quê e por quê? Se a resposta for "de ser humilhado porque já vi acontecer com um colega", o medo é seu aliado, mas saia correndo assim que possível. Empresas que toleram líderes abusivos estão remando contra a maré da modernidade.

Um bom motivo para seguir o líder é poder aprender com ele. A admiração pelo trabalho competente, pela mente criativa ou pelo comportamento ético (ou pelo sucesso profissional e financeiro, sejamos também pragmáticos) é um estímulo poderoso para fazermos o que nos é solicitado. Mas sempre com base no comportamento respeitoso, o que nos faz pensar que esse líder não nos pediria nada que fosse abusivo, imoral ou desrespeitoso.

De uma forma ou de outra, fica claro que nem todos (eu diria muito poucos) seguem o líder tranquilamente, sem questionamentos, motins e fugas.

4.2 Todos querem ser o líder?

O senso comum diz que todos querem ser o líder. Exercer poder e influência sobre os outros, ser obedecido, servido, ter privilégios, sala VIP, não fazer tarefas desagradáveis ou desgastantes, apenas planejar e decidir os destinos da empresa. Quem não iria querer esse paraíso na Terra?

Pena que nem tudo seja um jardim de rosas. O líder carrega consigo uma série de responsabilidades e de preocupações que os seguidores não têm. Se algo dá errado, ele é responsabilizado. Bem verdade que se algo dá certo o líder é carregado nos braços e nem sempre a equipe que desenvolveu o projeto o acompanha na consagração. Afinal, conduzir uma equipe, lidar com seus conflitos, integrar pessoas diferentes, definir e acompanhar metas, obter recursos, identificar e desenvolver potenciais, dar *feedbacks* positivos e negativos, substituir aqueles que faltam, consertar as coisas quando algo dá errado e, o mais difícil, assumir-se como responsável por tudo isso não é tarefa simples.

As expectativas são sempre elevadas em torno do líder. Ele é observado, admirado, invejado, temido e, às vezes, detestado.

Se você quer se dar bem com todo mundo, teme tomar medidas impopulares e quer que gostem sempre de você, esqueça a liderança. É melhor ser um colega popular e agradável.

Se você tem dificuldades para tomar decisões, esqueça também a liderança. Líderes tomam decisões rápidas, nem sempre baseadas em fatos e evidências, como sugerem os gurus do movimento pela qualidade, mas em suas intuições. Quase nunca (ou nunca) se tem um quadro completo do que está acontecendo para se poder decidir com a certeza do acerto. Para isso o líder precisa ser confiante de que é melhor uma decisão razoável e rápida do que decisão nenhuma. E que, se a decisão estiver errada, é melhor poder corrigir rapidamente. E assumir que algo deu errado.

Ser um seguidor tem suas vantagens. Receber orientação e apoio, dividir responsabilidades, ir para casa tranquilo porque se a empresa quebrar sua reputação não está em jogo. Você não precisa ser moderado, equilibrado e sociável sempre, porque há diversas profissões técnicas nas quais as idiossincrasias são bem-aceitas ou, pelo menos, toleradas.

Além de tudo, o líder hoje não é mais o capataz dos tempos da Revolução Industrial. Hoje se espera que o líder seja servidor, isto é, como o próprio termo sugere, que sirva (e não que seja servido).

Pense: estou disposto a me preocupar com minha equipe e defendê-la quando necessário (e quando ela merecer, é claro)? Ambiciono uma posição de liderança porque realmente a desejo ou porque a sociedade faz um juízo de valor positivo sobre a liderança, idealizando os líderes como se fossem super-heróis? Acredito que todos podem liderar? Bem, vamos ver...

4.3 Levo jeito para a liderança?

Pense bem se você se sente à vontade comandando, ainda que os seus comandos não sejam bem-aceitos ou populares. Quando escrevo comandos não se trata de não ser participativo, de não ouvir a opinião da equipe, de ser autoritário. Mas há um momento em que você deve dar a palavra final, decidir quem fica e quem sai da equipe, quais as tarefas que cada um fará, com quais recursos, quem será promovido ou não, qual será o projeto aceito e muitas outras coisas. Alguém ficará feliz se for promovido e muito agradecido pelo reconhecimento que você expressou, mas outros tantos ficarão revoltados por serem preteridos e o julgarão injusto. Você aguenta? Ou se sente culpado, constrangido, magoado? De novo, não se trata de ter um coração de pedra, mas de não ter uma gastrite quando tiver de tomar decisões difíceis.

Para ser um líder, é importante também gostar de planejar, gostar de ler, de manter-se informado, gostar de números, de pessoas e, principalmente, de resultados. Além disso, é preciso que os seus valores pessoais estejam de acordo com os valores da empresa. Afinal, os líderes são os embaixadores das empresas nas quais trabalham.

Por que esses fatores são tão necessários? O líder planeja e faz acontecer o crescimento e a sobrevivência da empresa. É sua responsabilidade pensar os rumos da organização, pensar nos cenários futuros, nas estratégias a adotar, nas exigências que essas estratégias trarão para o desenvolvimento dos indivíduos e das equipes.

Se o líder não gostar de ler não poderá compreender fatos passados nem manter-se atualizado, terá dificuldades em encontrar bons argumentos em uma negociação, perderá oportunidades de negócios potenciais e não saberá expressar-se bem por escrito ou verbalmente.

Se o líder não gostar ou não entender de números, como poderá calcular rapidamente relações de custo-benefício? Como trabalhará com indicadores numéricos de resultados? Como poderá comparar resultados e calcular vantagens em negociações?

O líder que não gosta de pessoas, que prefere trabalhar sozinho ou que não tem paciência para lidar com conflitos e oferecer apoio quando necessário, ou que tem dificuldades em aceitar ideias que não são suas, não será um bom líder. É consenso na produção acadêmica contemporânea que o líder produz resultados através das pessoas, de seus colaboradores. Essas pessoas esperam algo em troca de suas contribuições, esperam ser escutadas, ser respeitadas e obter oportunidades de aprendizagem e de realização de tarefas desafiadoras.

Quanto aos resultados, não há empresa hoje que foque suas atividades somente na eficiência e nos processos, sem certificar-se de que estes tragam resultados positivos. Por outro lado, as empresas éticas não focam somente os resultados, pois os processos devem trazer satisfação às pessoas neles envolvidas e devem ser ambientalmente e socialmente responsáveis. Equilibrar essas necessidades, por vezes conflitantes, de processos éticos e satisfatórios, de oferecer qualidade e de obter resultados é tarefa do líder. Você achou que é responsabilidade demais? Seja um seguidor, um técnico, um profissional liberal. Não é nenhum demérito não ser o líder, e, afinal, líderes são poucos.

Ah! **Não se esqueça de analisar se seus valores combinam com os valores da organização na qual você trabalha. Você não pode defender aquilo em que não acredita.**

4.4 Quem são os líderes que admiro, e por quê?

Quando se pensa em liderar, é bom visualizar mentalmente que tipo de líder se pretende ser. Há alguém que se pareça com aquele líder que pretendo ser? Um modelo em quem se inspirar e, se possível, um *coach*, alguém que ofereça parâmetros para enfrentar problemas difíceis, que tenha valores claros e definidos e que ensine (ainda que indiretamente) você a liderar? O líder que lhe servir de modelo deve ser generoso o suficiente para lhe ensinar coisas importantes, honesto e corajoso para lhe dar *feedbacks* negativos quando preciso e seguro o suficiente para lhe oferecer *feedback* positivo, quando você realmente o merecer.

Aprenda com esse modelo a evitar bajuladores e conspiradores, a ter firmeza de metas e valores e clareza de pensamento. Aprenda como sintetizar as inúmeras informações disponíveis e como saber quais as informações são relevantes e necessárias para você a cada momento. Também veja como seu modelo se porta perante desafios éticos, armadilhas, e como lida com suas próprias vaidades.

Lembrou logo de alguém quando leu estas linhas? Se não lembrou, comece logo suas pesquisas. Só se conhece um modelo de líder de verdade trabalhando com ele. É claro que os grandes líderes da história como Gandhi ou Cristo têm muito a nos ensinar. Mas não podemos lhes perguntar o que fazer no contexto organizacional atual. Chegando um pouco mais perto: o que aprender com Barack Obama ou Bill

Gates? Muita coisa. Mas, de novo, o seu guru deve estar mais próximo, para que você se espelhe na realidade, não no mito; no homem de verdade, com seus defeitos e qualidades, com suas fraquezas e dificuldades (a forma como esse líder lida com essas fraquezas e dificuldades é o que vai lhe servir de modelo), não no que a mídia nos diz a respeito de um líder-herói distante.

Bem, por fim, **esqueça de vez aquela história de que para ser líder você precisa ser um super-herói, até porque os Power Rangers estão caçando monstros e não gerindo corporações**. Entretanto, não pense que poderá liderar sem ter algum diferencial. Você sabe qual é o seu diferencial?

Um exemplo de liderança ou uma breve biografia não autorizada de um líder empresarial

Cada capítulo deste livro traz um exemplo relacionado ao seu tema central. No capítulo sobre liderança, nada mais natural que eu procurasse apresentar aos leitores alguém que considerasse um líder empresarial e sobre o qual pudesse atestar determinadas qualidades, como o comportamento ético, a clareza de propósitos, a inteligência pragmática e o raciocínio analítico.

O escolhido como exemplo foi o empresário William Ling. A meu ver, William Ling é um líder por herança, por vocação e por muito treinamento. Um dos herdeiros da Évora (atual denominação da Petropar S/A), *holding* com atuação em diversos segmentos, foi seu Presidente e Vice-Presidente do Conselho de Administração. Ao deixar a função executiva, manteve a posição no Conselho e assumiu também um dos assentos do Comitê Executivo.

Durante o período em que atuou como CEO da Évora, Ling privilegiou a formação de líderes e de futuros líderes. A empresa investia, sob seu comando, na formação integral dos executivos, incluindo atividades relacionadas a novas ferramentas de gestão, aos cuidados com a saúde e ao desenvolvimento cultural.

Ling sempre trabalhou com transparência, deixando claros os princípios éticos da empresa, expressos em um Código de Conduta, amplamente divulgado. Este Código continha, de forma pioneira para as empresas brasileiras, cláusulas na qual a empresa se manifestava contra o assédio sexual e o assédio moral.

Antes mesmo de o conceito de empresabilidade se tornar corrente nos meios empresariais e acadêmicos, a Évora já se preocupava em oferecer oportunidades de desenvolvimento aos seus colaboradores de tal forma que aqueles que deixaram a empresa encontraram novas colocações com facilidade.

Ling, além de ser um líder empresarial, é também um líder em outros segmentos. Preocupado com a educação e a cultura, ofereceu seminários a estudantes universitários, tais como o Vale Quanto Pensa, no qual empresários apresentavam suas experiências a grupos de até 1200 estudantes de diversas faculdades.

Quanto à disseminação de valores e princípios, Ling foi o fundador e primeiro presidente do Instituto de Estudos Empresariais (IEE), organização que promove o Fórum da Liberdade. Ele participou ativamente da criação do capítulo de Porto Alegre da Young Presidents' Organization (YPO), entidade que presidiu no país. Participa do Conselho de Governança do Instituto Millenium, entidade sem fins lucrativos que promove valores fundamentais para a prosperidade e o desenvolvimento humano da sociedade. O empresário diz que "o nosso papel só estará completo quando as novas gerações souberem tocar sozinhas todas essas ações que criamos. Isso é sustentabilidade".[13]

Um de seus maiores projetos junto à família foi a criação do Instituto Ling, que oferece bolsas de estudos em Administração e Direito nas melhores universidades internacionais, premia jornalistas de destaque, oferece bolsas de estudos para filhos de funcionários das empresas Évora, entre outras ações.

Atualmente, Ling desenvolve um Centro Cultural, envolvendo um projeto arquitetônico diferenciado e a oferta futura de muitas oportunidades de aprendizagem e de contato com nomes de destaque em diversos segmentos culturais, acadêmicos, artísticos e de negócios.

Penso que Ling se destaca como líder pelo seu respeito às pessoas com as quais convive e o seu investimento contínuo no desenvolvimento humano.

Assim, fui entrevistá-lo. De forma surpreendente para quem não o conhece, Ling não demonstrou propriamente entusiasmo ao se ver retratado como um tipo exemplar.

Perguntei a ele se não se reconhecia como um líder, ao que me respondeu que o reconhecimento deve vir dos outros, e não dele próprio. Perguntei se julgava seu exemplo adequado para o capítulo. Ele respondeu que não fez nada sozinho e que, dessa forma, o capítulo deveria ser ilustrado por várias pessoas competentes que construíram coisas importantes com ele. Finalmente, perguntei a Ling a respeito da minha breve biografia que justificava sua escolha. "Somente o que foi feito não é suficiente, é preciso demonstrar os resultados do que foi feito", respondeu Ling.

Após sua argumentação, emprestou-me uma matéria do *The Economist* que falava sobre o poder diluído e alertou-me que o "futuro" já está acontecendo, que é necessário descrever o presente. Conversamos um pouco sobre o relativismo cultural e, bem, penso ter compreendido as razões da atitude cautelosa de Ling e do cuidado em não querer brilhar sozinho. Algo como o conceito de galáxia.

Galáxia: gigantescas coleções de bilhões de estrelas (...) parecem nuvens distantes e distorcidas (...) ficam nos bastidores (...) controlam o espaço e o tempo.[14]

Que melhor metáfora para a liderança no presente e no futuro? Não há mais uma estrela única brilhando no firmamento organizacional, mas grupos de colaboradores empoderados, em constante movimento criativo, transformando o tempo e o espaço do trabalho e a vida das pessoas. Gerando valor econômico? Sendo respeitoso com os colegas? Compartilhando conhecimento? Estruturando empresas? Um pouco de tudo. Processo ético, responsável e de qualidade, resultado como consequência.

Empolgada com a astronomia, resolvi trazer mais uma metáfora: a do eclipse – quando objetos celestes se movem para a sombra de outro, obscurecendo de forma parcial ou total sua visão frontal.[15] Pois bem, a era da liderança-eclipse acabou. O líder não teme a sombra e não faz sombra, ele abre espaço para que outros ampliem sua visão e se tornem líderes e pessoas melhores.

Você pode estar se perguntando se o mundo organizacional comporta a existência de tantos líderes. Eu diria que sim. Se pensarmos no líder como alguém que exerce, em algum momento, algum tipo de influência, mesmo que através de microações, sim.

Ao contrário do que talvez Ling desejasse com seu foco na criação de Valor Econômico, os resultados do Instituto de Estudos Empresariais não podem ser precisamente mensurados. Entretanto, a iniciativa de sua criação ajudou a difundir ideias, ou, como diria o psicólogo cognitivista Howard Gardner,[16] ajudou a mudar mentes.

É por esse motivo que esta biografia de Ling não é autorizada. Ele não se reconhece como o Rei Sol. Sabe que está cercado de outras estrelas e que, juntas, formam uma galáxia em movimento. É também por isso – por se reconhecer como parte da nuvem – que ele merece ser o tipo paradigmático da liderança do presente e do futuro.

Para saber mais sobre William Ling e sobre as organizações citadas anteriormente, acesse:

www.institutoling.org.br
www.iee.com.br
www.institutoliberal.org.br
www.il-rs.org.br
www.imil.org.br
www.evora.com

O artigo indicado por ele encontra-se na revista *The Economist*, March 16th-22nd 2013, Business. Schumpeter/The Transience of Power, p.70.

A respeito do tema, sugiro ainda a leitura das seguintes matérias:

–, A Visão de Mundo de Clinton, de Carolina Melo, publicada na revista *Veja*, 27 mar. 2013.
–, Quem Precisa de Líder, David Cohen, Ariane Abdallah e Elisa Campos, publicada na revista *Época Negócios*, nº 73, mar. 2013.

Vamos ao trabalho: os casos

Caso em uma instituição pública

Quando você assumiu a liderança do seu setor, imaginou que sua equipe seria heterogênea. Como sujeito aberto a novas ideias, você se julgava preparado para lidar com a diversidade sem preconceitos e sem impor nenhum tipo de barreira de gênero, etnia, orientação política e sexual. Entretanto, o que você não imaginava é que haveria no grupo um outro tipo de diversidade: de motivações, expectativas e ritmos de trabalho. Ana está cheia de ideias, mas logo fica desmotivada e desiludida quando seus projetos não são implantados com rapidez ou aceitos na íntegra. Bernardo é bastante dedicado, mas é organizado e meticuloso a ponto de comprometer a agilidade do serviço. Carlos, em contrapartida, quer realizar todas as suas tarefas com a maior rapidez possível, mas peca pela falta de atenção. Já Denise é rápida e precisa, mas de poucos amigos e intolerante com as eventuais falhas dos colegas.

Como gestor, o que você faria para organizar sua equipe de forma a obter resultados favoráveis e um bom clima de trabalho?

Caso em uma instituição privada

Algumas vezes você ouve colegas reclamando de alguma coisa: equipes desmotivadas, conflitos internos, falta de comprometimento. Na sua equipe esse tipo de coisa simplesmente não existe. Sou uma pessoa de muita sorte – você pensa –: o ambiente de trabalho é tranquilo, as metas são cumpridas, tudo parece correr bem. Entretanto, nada é perfeito. Seu superior imediato parece não reconhecer as qualidades de sua equipe tanto quanto você reconhece. Embora as recompensas financeiras sejam satisfatórias, sua área perde em *status* para as demais. Os projetos que você apresenta, elaborados conjuntamente com a equipe, raramente são considerados prioritários e seus resultados não apresentam visibilidade. Os seus subordinados percebem seus esforços e seu reconhecimento, mas já começam a apresentar sinais de desânimo. O que você pretende fazer para valorizar a sua equipe?

Caso em uma pequena empresa

Amanhã é seu primeiro dia de trabalho como líder. Você nem imagina como isso foi acontecer: ao contrário de muitos colegas, você nunca pensou em liderar equipes e sonhava com os desafios de uma carreira técnica, na sua área de especialidade. Mas a oportunidade surgiu e é desafiadora demais para ser recusada. Você foi designado e pronto. A equipe o espera, e correm boatos de que você é tímido e inexperiente.

O que você deve fazer? Qual sua abordagem para seus primeiros dias de trabalho? Como você pretende conduzir a equipe?

Caso em uma empresa familiar

Você lidera uma equipe de pessoas realmente talentosas. Inteligentes, experientes e com muita iniciativa, seus subordinados se destacam pela capacidade de trabalho, de entendimento e de oferecer soluções criativas para os problemas que surgem. Entretanto, o clima não é bom. Você identificou uma liderança negativa, que parece estar minando o relacionamento entre todos os participantes do grupo. Você não pode afastá-la: há um pedido de seu superior imediato para que a mantenha. "... Essa liderança possui elevado conceito junto à Administração, por serviços anteriormente prestados, quando você ainda nem havia ingressado nesta instituição, e, além disso, é parente dos diretores...", alegou seu gestor quando questionado a respeito da situação.

O que você deve fazer para evitar que essa liderança afete negativamente o clima e os resultados de todo o grupo?

Questões para discussão

1. Quais as condições necessárias para que uma organização atraia e retenha líderes de talento?
2. Todo gestor deve ser um líder e todo líder deve ser um gestor?
3. De que forma os não líderes podem apoiar a organização e o líder em seus projetos em organizações com estruturas hierarquizadas?
4. E em organizações com estruturas em rede?
5. De que forma os não líderes podem impulsionar suas carreiras?
6. Como desenvolver sua liderança, caso você identifique esse potencial em si mesmo?
7. Como as organizações podem identificar líderes potenciais e apoiar seu desenvolvimento?
8. Como esse apoio se relaciona ao processo sucessório?
9. Como liderar fora do contexto das grandes organizações?
10. Quais as características que você julga mais importantes para o líder do futuro?

BIBLIOGRAFIA E NOTAS

1. WONG, Robert. **O sucesso está no equilíbrio**. São Paulo: Campus, 2006.
2. A esse respeito, veja **O herói de mil faces**, de Joseph Campbell, São Paulo: Pensamento, 2007.
3. BASS, Bernard M. **Bass & Stogdill's handbook of leadership**: theory, research managerial applications. 3rd ed., New York: The Free Press, 1990.
4. ROBBINS, Stephen P. **Comportamento organizacional**. 8. ed. Rio de Janeiro: LTC, 1999.
5. BLAKE, Robert R.; MOUTON, Jane Srygley. **O grid gerencial**. São Paulo: Pioneira, 1978.
6. ZALEZNIK, Abraham. **Gerentes e líderes são diferentes?** In: Coleção Harvard de Administração, São Paulo, abril, 1986.
7. HERSEY, Paul; BLANCHARD, Kenneth H. **Psicologia para administradores**: a teoria e as técnicas da liderança situacional. São Paulo: E.P.U., 1986
8. WAGNER III, John A.; HOLLENBECK, John R. **Comportamento organizacional**: criando vantagem competitiva. São Paulo: Saraiva, 1999.
9. BURNS, James McGregor. **Transforming leadership**. New York: Grove Press, 2003; _____ **Leadership**. New York: Harper and Row, 1979.
10. O'TOOLE, James. **Liderando mudanças**: como superar a ideologia do conforto e a tirania do costume. São Paulo: Makron Books, 1997.
11. DE PREE, Max. **Leadership is an art**. New York: Currency-Doubleday, 2004.
12. GARDNER, John W. **On leadership**. New York: The Free Press, 1993.
13. www.imil.org.br/divulgação/entrevistas. Comunicação Millenium, 1º de junho de 2012. William Ling: A razão se ser do empresário é promover a ação empresarial de forma ética e responsável. Acesso em: 4 abr. 2013.
14. GREEN, Dan. **Astronomia do outro mundo**. São Paulo: Girassol, 2010.
15. Idem 12.
16. GARDNER, Howard. **Mentes que mudam**. Porto Alegre: Artmed, 2004.

LEITURAS SUGERIDAS

BELLINI, Paulo. **Marcopolo**: sua viagem começa aqui. Rio de Janeiro: Campus, 2012.

DINIZ, Abílio. **Caminhos e escolhas**: o equilíbrio para uma vida mais feliz. Rio de Janeiro: Campus, 2004.

INSTITUTO EMPREENDER ENDEAVOR. **Como fazer uma empresa dar certo em um país incerto**. Rio de Janeiro: Campus, 2005.

VÍDEOS SUGERIDOS

How to start a movement – Derek Sivers (http://www.youtube.com/watch?v=V74AxCqOTvg)

How great leaders inspire action – Simon Sinek (http://www.youtube.com/watch?v=qp0HIF3SfI4)

www.ted.com/talks/paddy_ashdown_the_global_power_shift.html

SITES SUGERIDOS

www.endeavor.org.br

2
Relacionamento no Trabalho

> *"Como se lida com um colega em relação a quem se tem sentimentos, positivos ou negativos?"*
>
> Dr. House para Dra. Stacy – Seriado *House*, janeiro de 2012.

Objetivos do capítulo

- Discutir a relação entre a vida profissional e a vida pessoal.
- Abordar os diferentes tipos de relacionamento no trabalho, bem como suas implicações.
- Apresentar os conceitos de assédio sexual e de assédio moral no trabalho.
- Discutir aspectos facilitadores e dificultadores do relacionamento entre casais e entre parentes que trabalham juntos.
- Refletir sobre o relacionamento entre diferentes gerações no ambiente de trabalho.

1 As organizações: um mundo habitado por seres humanos

Talvez você já tenha ouvido a expressão "quando entrar na empresa, deixe seus problemas na soleira da porta" ou então "vida pessoal e vida profissional não se misturam". Nada mais irreal do que pensar que podemos nos dissociar em duas figuras distintas: uma tranquila, despreocupada com a casa, a família e os filhos, focada somente no trabalho, bem-humorada, que se relaciona alegremente com todos – a figura profissional; outra completamente focada na família, nos esportes, nos amigos, desestressada com suas obrigações profissionais, divertida e interessante – a figura pessoal.

O profissional do futuro sabe que uma personalidade sadia é uma personalidade integrada. Sabe também que é impossível não levar para o trabalho preocupações pessoais, da mesma forma que é impossível não levar para casa preocupações com o trabalho. Será que isso é assim tão ruim?

Vamos lá: imagine-se como líder de um projeto importante. Os prazos estão estourando. Do resultado desse projeto depende sua carreira na organização, além do que você será reconhecido como alguém que trouxe muito dinheiro para a empresa. Sua equipe está entusiasmada, mas necessita do seu apoio para que tudo dê certo. Nesse momento, a coordenação de esforços é indispensável. Você sai de sua sala, cumprimenta o segurança na portaria da empresa e, ao entrar no seu carro, se esquece completamente do projeto? Não comenta sobre isso com seus familiares ou amigos próximos? Claro que não! Em vez disso, você – provavelmente – vai pensando no projeto a caminho de casa. Rememora o que deve ser feito no dia seguinte enquanto toma uma ducha. No jantar, comenta com seus familiares sobre o seu entusiasmo com o trabalho, suas dificuldades, e o que ele representa para você e para sua carreira. Você espera que seus familiares não somente o apoiem e apresentem novos ângulos da questão que talvez tenham passado despercebidos para você, mas também que dividam expectativas e compartilhem suas apreensões.

Agora imagine a situação contrária: seu pai está passando por um tratamento de saúde arriscado. Ele já não é nenhum garoto, e seu quadro pode apresentar complicações. Seus familiares estão tensos. Após dizer bom-dia ao segurança da empresa, você cruza a soleira da porta e segue tranquilamente para sua sala, como sempre faz? Quando seus colegas mais próximos perguntam por sua família, você consegue dizer, com um sorriso no rosto, que está tudo na mais perfeita ordem? Naturalmente que não.

O psicanalista suíço Carl Gustav Jung[1] escreveu sobre a persona, uma imagem criada pelo psiquismo do indivíduo visando a adaptação ao ambiente. Alguns comparam a persona a uma máscara, uma figura que se assume publicamente, mas que não necessariamente corresponde à personalidade central do indivíduo. Quanto maior a distância entre indivíduo e persona, entre o que se é e a imagem que se pretende mostrar (ainda que de forma inconsciente), maior a dificuldade do indivíduo para seu desenvolvimento integral como ser humano. Algumas correntes da psicologia falam sobre assumir um *script* (comportar-se como é esperado em determinado ambiente social). Outras falam nos conflitos gerados entre ser o que se quer e ser o que os outros gostariam que fôssemos.

As organizações muitas vezes acalentam a expectativa de contar com seres inabaláveis em seus quadros de pessoal. Bem, no Planeta Terra esses seres não são encontrados. Ainda bem.

Um estudo de Tanure, Carvalho Neto e Andrade[2] evidenciou que o indivíduo que incorpora no trabalho uma postura insensível (mostrando-se sempre forte e inabalável) tende a levar para casa essa personagem e pode se tornar um marido distante e um pai pouco comprometido com a educação dos filhos. O inverso é verdadeiro. Não se espera que um estudante relapso, que cola nas provas e copia os trabalhos de aula de *sites* da internet, seja um trabalhador criativo, ético e comprometido.

É claro que não estamos falando que tornar sua vida "um livro aberto" seja algo saudável ou desejável. Seus colegas não precisam compartilhar com você seus problemas afetivos nem acompanhar sua busca por um relacionamento amoroso. Provavelmente eles não se interessem pelos detalhes da cirurgia plástica de sua tia. E provavelmente eles não vão querer que você lhes faça perguntas de caráter íntimo.

A ideia é, então, estabelecer limites entre a exposição pessoal (todos sabem sempre detalhes do que você faz, pensa ou sente), o que o torna vulnerável e pouco confiável (você fala, se sente no direito de perguntar, de contar, de comentar, não consegue guardar informações para si mesmo); e o afastamento afetivo e a indiferença (nunca demonstra interesse pelos outros, jamais revela o que pensa ou se posiciona sobre algum assunto polêmico, nunca se sabe o que você realmente está pensando).

As palavras-chave do profissional do futuro são autoconhecimento, autocontrole e moderação. Excessos não são bem tolerados na maioria das empresas. Ser agressivo com os colegas em uma reunião, desrespeitar os funcionários menos graduados, falar muito alto, contar piadas grosseiras e dar risadas estrondosas, "tomar todas" na festa de final de ano... (a festa de final de ano é um capítulo à parte) não ajudam em nada a sua carreira nem a sua integração ao ambiente organizacional.

Talvez você esteja se perguntando: bem, mas se eu tenho crises de choro frequentes, não consigo beber somente umas cervejas sem "encher a cara", sinto uma necessidade irresistível de falar sobre meus problemas pessoais com os colegas ou não controlo a raiva, o que devo fazer? Nesse caso você tem duas alternativas. A primeira é recomendada para os casos em que essas características não lhe tragam problemas fora do trabalho, você se sinta feliz assim e seus familiares e amigos não reclamem. Assim, talvez a vida fora de grandes organizações ou o trabalho autônomo possam ser alternativas interessantes. Mas se essas características lhe trazem incômodo e sofrimento, se você está insatisfeito consigo próprio, se seus amigos e familiares já lhe deram sinais de que você está trazendo problemas também para os mais próximos, a segunda alternativa pode ser útil: procurar um profissional especializado (psicólogo clínico ou psiquiatra) para descobrir por que você age de uma maneira que lhe traz prejuízos e por que não consegue agir de forma diferente, ainda que queira. Nos casos menos evidentes, um bom *coach*, os profissionais de gestão de pessoas, um líder ou colega mais experiente ou ainda sessões de aconselhamento podem ajudar.

Uma estratégia sempre é útil: veja como se comportam os profissionais que você admira. O que você pode aprender com eles?

1.1 Os terráqueos: seres que pensam e sentem, não necessariamente nessa ordem

Os avanços das neurociências derrubaram o mito de que a razão e a emoção são elementos dissociados. Entretanto, a Administração como Ciência Social Aplicada ainda preconiza o mito da racionalidade humana e da tomada de decisão racional nas organizações.

Se a racionalidade nos leva a tomar decisões adequadas ao ambiente empresarial, qual o papel das emoções no trabalho?

As emoções desempenham um papel fundamental em nossas vidas. Além de trazerem um colorido todo especial ao nosso dia a dia (alegria, êxtase diante da contemplação da beleza), elas são nossos sinais de alerta perante as ameaças e oportunidades ambientais. O medo nos avisa de que algo está errado e que é necessário que fiquemos atentos contra um dano em potencial, seja ele físico ou psicológico. O afeto nos aproxima dos colegas e permite o trabalho colaborativo. A raiva nos alerta para nossa incapacidade de lidar ou de suportar determinada situação ou determinada característica de alguém. A inveja nos aponta para aquilo que desejamos ter ou ser e não somos (ou não sentimos que somos) capazes de realizar. Como apontam estudos da psicologia positiva, **o tédio pode nos indicar que a organização não nos oferece desafios suficientes para que desenvolvamos todo o nosso potencial. A ansiedade pode significar que os desafios estão elevados demais para nossa atual capacidade de resposta**.[3]

O problema surge quando nossos sentimentos extrapolam o papel de alerta, inundam nossa mente, se refletem no nosso corpo e se traduzem em nosso comportamento. Em outras palavras, quando passamos do sentir ao agir movidos por fortes sentimentos, de forma descontrolada. A raiva se transforma em agressividade; a inveja, em boicote; o tédio, em queda de produtividade; a ansiedade, em falta de capacidade de concentração e de análise; o afeto, em falta de discernimento sobre questões negativas do relacionamento.

Sentir é normal e desejável, nas organizações e fora delas, mas perder o controle e não compreender o que se sente é nocivo para o indivíduo e para suas relações interpessoais.

Quando o sentimento é intenso demais e é pouco compreendido e pouco trabalhado, ele procura uma via de escape, que pode ser a somatização (uma ansiedade elevada que se transforma em alergia, por exemplo) ou a ação (uma raiva intensa que se transforma em agressão ao colega, outro exemplo). É nesse momento que a mente racional pode ajudar. Por que estou com tanta raiva daquele colega? O que ele faz, pensa, sente ou diz que me provoca tanta ira? Se eu o invejo, por que o invejo tanto? Possuo as mesmas capacidades que ele possui para ocupar o cargo que ele ocupa? O mesmo *background*? Ou estou sendo injustiçado por questões políticas e deveria ser eu a receber a promoção que o outro recebeu? O que me incomoda tanto na atitude do meu gestor? O que há no seu estilo pessoal que me tira do sério? Outras pessoas com o mesmo estilo também me deixam aborrecido?

Por meio da análise do que sentimos diante de cada situação e pessoa, podemos estabelecer padrões que nos ajudarão a guiar, definir e impulsionar nossa carreira no mundo do trabalho. Posso perceber, por exemplo, que sempre me sinto frustrado e com raiva quando recebo uma tarefa repetitiva para realizar. Ou que invejo aqueles que se comunicam bem. Ou que não ter autonomia me deixa irritado. Ou que não suporto me subordinar a pessoas conservadoras. Bem, aí temos padrões que indicam as atividades e as organizações nas quais me sentirei mais ou menos confortável. Detesto rotina? Evitarei fazer um concurso para um cartório judicial. Invejo a capacidade de comunicação? Pensarei se existe alguma área em que essa capacidade não seja tão necessária ou se eu posso desenvolver minha própria capacidade de comunicação por meio de treinamento, *coaching* e outras técnicas. Preciso de autonomia? Evitarei empresas muito hierarquizadas. Detesto trabalhar com pessoas conservadoras? Buscarei empresas que possuam cultura de inovação.

Nenhum perfil pessoal ou sentimento é, por si só, ruim, pouco adaptativo ou condenável. A grande questão é como lidamos com o que sentimos e como podemos escolher ambientes organizacionais – entre a vasta variedade de ambientes e culturas existentes – que nos favoreçam. Além disso, e talvez o mais importante, é perceber os sentimentos como aliados para a promoção de um bom relacionamento interpessoal no trabalho e o desenvolvimento de um clima organizacional positivo.

2   O que fazer quando "pinta um clima"?

Entre as emoções e sentimentos que podem surgir em relação aos colegas de trabalho, gestores e subordinados, quando menos se espera, estão as emoções ligadas ao sexo, ao amor e ao afeto.

Não é incomum pessoas sentirem atração umas pelas outras no mundo corporativo. **O trabalho diário, os objetivos comuns e o compartilhamento do mesmo ambiente físico criam um ambiente propício para a aproximação.**

Algum problema nisso? Sim e não. Sim quando a empresa tem uma política (formal, divulgada, escrita) ou informal (traços culturais) que é contrária ao relacionamento de natureza afetiva ou sexual entre colaboradores. Nesse caso, se a relação evoluir ou se repetir a ponto de ser descoberta, é normal que um dos parceiros busque oportunidades em outra empresa, a fim de preservar tanto a relação quanto a carreira de ambos. Cabe lembrar que, quando dois colegas estão apaixonados, namorando ou "ficando" há um certo tempo, não é difícil para os colegas perceber "o clima" e identificar o casal. Assim, em empresas que se posicionam contra esse tipo de relacionamento, é bom pensar bem na melhor forma de conduzir as coisas, antes que a empresa descubra e decida por você.

Os grandes conflitos surgem quando o par formado envolve superior e subordinado ou pessoas que detêm informações estratégicas sigilosas. O receio dos administradores é que as informações possam vazar em uma situação de aparente vulnerabilidade (as confissões de travesseiro) ou que o superior perca sua isenção e capacidade de julgamento sobre o subordinado, podendo não avaliar adequadamente seu desempenho, criar situações de favoritismo e prejudicar o clima da equipe. Nesses casos, é comum a empresa demitir ou transferir o subordinado, ou ambos, gestor e subordinado, por iniciativa da própria empresa ou dos colaboradores envolvidos na situação.

Os casos de relacionamento pessoal entre superior e subordinado também causam desconforto aos gestores porque estes temem que o subordinado esteja envolvendo o superior para progredir na carreira, causando a ira dos colegas e desestabilizando os critérios e políticas de gestão de pessoas.

Outro problema é quando alguém se excede em suas manifestações e, mesmo rejeitado, insiste a ponto de criar situações constrangedoras. Nesse caso, o funcionário está demonstrando falta de controle e de traquejo social.

2.1 O assédio sexual no trabalho: o exercício de poder como motivação principal para o relacionamento

Há casos em que um funcionário (geralmente de cargo superior e do sexo masculino) adota iniciativas de caráter sexual direcionadas a uma subordinada, de forma repetitiva e unilateral. O que move esse indivíduo não é o desejo, ou o afeto ou o descontrole. Mesmo com a recusa explícita da outra parte, o superior insiste, ameaça, chantageia, até atingir seus objetivos ou prejudicar a vítima. Nesses casos, estamos tratando do fenômeno do assédio sexual no trabalho.

O que caracteriza e distingue o assédio sexual de outros tipos de relacionamento no trabalho é basicamente a sua motivação. O assediador não tem a intenção de estabelecer uma relação afetiva, amorosa ou sexual exclusivamente pelo afeto, amor ou sexo. Ao contrário, o assediador busca uma afirmação de seu poder, o poder de dobrar a vontade do outro, de submetê-lo aos seus desejos, de dominá-lo, contra a sua vontade. A diferença entre uma "cantada" e o assédio sexual é que nesse último não há respeito pela decisão alheia. Se o outro se negar a ceder aos apelos do assediador, será humilhado, maltratado, ameaçado, talvez demitido. Não importam seus sentimentos, seus direitos, suas necessidades. Desse ponto de vista, o assédio sexual é sempre uma relação de caráter unilateral, motivada pelo exercício do poder, que gera desconforto e danos à vítima, contraria as melhores práticas de gestão de pessoas, deteriora o clima organizacional e fere a ética.

Estudos realizados com trabalhadoras de indústrias indicaram que o critério principal para a escolha da vítima não é a beleza ou o poder de sedução, mas sim sua vulnerabilidade. As operárias assediadas estudadas em uma pesquisa brasileira realizada em 1995[4] não ostentavam qualquer adereço considerado sedutor: pelas próprias características do trabalho fabril e de produção em massa, elas não utilizavam acessórios (como anéis e brincos), vestiam pesados e largos uniformes que não ressaltavam suas formas femininas, usavam botinas de proteção industrial e levavam os cabelos presos. O que poderia haver de atraente nessas mulheres? Sua incapacidade de defesa. Essas vítimas, de forma geral, possuíam apenas o ensino fundamental e participavam fortemente do sustento da família, quando não eram a única fonte de renda familiar. Como rebelar-se contra o assédio ou como pedir demissão em uma época em que a maioria das ofertas de trabalho exige, no mínimo, o ensino médio?

Pessoas jovens ou inexperientes, como as estagiárias, por exemplo, também costumam ser vítimas de assédio sexual, pela suposta menor capacidade de identificar de imediato a situação e de defender-se.

O assediador, no caso das empresas pesquisadas, costumava ser o superior imediato, alguém que convivia de forma muito próxima com as vítimas e que detinha o poder sobre pequenas, mas fundamentais, garantias. Era ele quem podia liberar a funcionária para levar o filho doente ao médico, abonar um atestado médico, garantir a permanência em um turno de trabalho fixo e diurno ou em um setor menos insalubre e perigoso.

O assediador é alguém motivado basicamente pelo exercício do poder, pela satisfação sádica em subjugar o outro, pelo desrespeito aos direitos alheios. É alguém que se sente tão mais valorizado quanto mais desvaloriza o outro. É um tipo perverso.

A esta altura do texto, você pode estar se perguntando como as empresas toleram esse tipo de comportamento. Bem, as empresas que permitem que o assédio sexual ocorra entre seus colaboradores geralmente são empresas de caráter conservador, com culturas patriarcais, que valorizam o masculino em detrimento do feminino, o técnico em detrimento do comportamental. Nessas culturas organizacionais patriarcais arcaicas, o homem tem o direito (quando não o dever) de assediar as funcionárias, como forma de afirmação de sua virilidade. Por outro lado, a cultura patriarcal entende que a culpa pela iniciativa de assédio sexual será sempre da vítima, que provocou o assediador com algum tipo de comportamento, roupa ou diálogo sedutor. Assim, a vítima é duplamente penalizada: sofre o assédio e ainda é vista como responsável pelo seu próprio sofrimento. Não raro as operárias que denunciaram o assédio aos seus maridos foram acusadas de "facilitar as coisas" e sofreram represálias também em casa. Muitas das que denunciaram o problema na empresa foram demitidas.

Bem, então não há saída para as vítimas? Sempre há. Denúncias no sindicato da categoria ou em delegacias especializadas na proteção da mulher podem ajudar. Se a empresa possui uma gestão de pessoas forte, ou um setor médico, de enfermagem ou ainda de serviço social, estes podem ser ambientes acolhedores para uma denúncia e para encaminhar as devidas e necessárias providências.

As organizações modernas já identificaram a existência do problema e estabeleceram formas de lidar com ele. Comissões que recebem e investigam denúncias de assédio sexual existem em caráter permanente. São compostas por pessoas diversas, homens e mulheres, novatos e experientes, gestores e subordinados. A diversidade é necessária para que haja isenção nas investigações. Há uma tendência de que o grupo de homens se identifique com o assediador e o proteja, assim como há uma tendência de o grupo feminino se identificar com a funcionária que apresentou a denúncia e defendê-la.

A isenção é fundamental na medida em que existem as falsas denúncias de assédio sexual. Uma polpuda indenização na justiça ou o afastamento do superior indesejável podem ser fatores motivadores para uma denúncia falsa.

O sigilo durante a apuração dos fatos também é fundamental. Caso a denúncia seja falsa e o caso vazar, será difícil para o acusado, ainda que tenha sido comprovada a sua inocência, prosseguir em sua carreira sem ter a imagem arranhada.

Nas investigações deve considerar-se que os casos de assédio não ocorrem de forma isolada. O assediador impune tende a repetir seu comportamento com outras subordinadas, e esse fato vem à tona somente com a primeira denúncia.

Deve-se considerar também o equilíbrio entre o número de homens e de mulheres na equipe. Nos grupos em que são minoria, as mulheres têm maior possibilidade de sofrer assédio sexual. Nos grupos em que há poucos homens, eles podem sofrer assédio. Nas profissões tradicionalmente masculinas – como a polícia e o exército, por exemplo –, as mulheres tornam-se alvos mais prováveis de assédio. Nas profissões tradicionalmente femininas – como a enfermagem – acontece o contrário, os homens é que se tornam mais vulneráveis.

Penso que o leitor atento já percebeu que, ao contrário do que diz o senso comum, os homens também podem ser vítimas de assédio sexual, tema já abordado no filme *Assédio Sexual*, lançado na década de 1990 e protagonizado por Demi Moore e Michael Douglas. No filme, Demi Moore, a presidente da empresa, é rejeitada por Michael Douglas, seu subordinado e ex-namorado. Por vingança e para garantir a permanência no cargo afastando um concorrente em potencial, ela levanta contra ele uma falsa acusação de assédio sexual.

O filme estimulou um interessante debate sobre a questão, na medida em que muitas pessoas duvidaram da masculinidade do personagem de Douglas por ter se negado a aceitar a proposta dos sonhos de muitos homens: ser alvo das investidas de Demi Moore! Ora, a situação revela um elemento da cultura brasileira que dificulta as denúncias de assédio sexual sofrido por homens. Os homens têm o dever de aceitar investidas femininas, principalmente se essas investidas tiverem por origem uma mulher considerada atraente, sob pena de terem sua masculinidade questionada.

Ao contrário, nas sociedades patriarcais mais tradicionais, o dever da mulher é resistir às investidas masculinas – ainda que o homem seja atraente. Como poderão as mulheres então denunciar o assédio, uma prova de que não foram "firmes" o suficiente para deter o agressor ou, pior ainda, de que o estimularam de alguma forma?

Cabe lembrar que muitas empresas exigem que as mulheres se apresentem de forma sedutora, como parte do uniforme de trabalho. Exemplos desses casos são os de muitas promotoras de vendas e profissionais da área de cosméticos e de *fitness*.

As vítimas de assédio sexual podem apresentar diversos tipos de sintomas. Observa-se alteração no comportamento (funcionárias exemplares começam a se ausentar do trabalho e apresentar atestados médicos frequentes); na saúde (enxaquecas, tensão muscular, dores); e danos psicológicos (ansiedade, depressão, estresse, agressividade); além de doenças psicossomáticas associadas ao estresse.

A existência de assédio sexual leva a perdas para a empresa, pela queda de produtividade, pela deterioração do clima organizacional e pela deturpação dos critérios e políticas de gestão de pessoas; para as vítimas, pelo prejuízo à sua carreira e ameaça ao seu emprego e à sua saúde; e às famílias das vítimas, que passam a ter seu sustento ameaçado e um dos seus principais responsáveis, quando não o único, debilitado.

A caracterização do assédio sexual não é um processo fácil. Depende da legislação e da cultura de cada país ou região e das políticas de gestão de pessoas de cada empresa. Em países como os Estados Unidos, em que a resolução de contendas por via judicial é frequente, as vítimas estão mais propensas a reunir provas e procurar um bom advogado. Além disso, a legislação que obriga a empresa a pagar altas indenizações às vítimas estimula que essas demandas sejam efetivadas judicialmente. Já em certas regiões do Brasil, nas quais ainda se "lava a honra com sangue", sabe-se de um caso em que o marido de uma trabalhadora assediada invadiu a fábrica, armado de um punhal, em busca de vingança.

No Brasil também há uma maior tendência a não serem denunciados os casos de assédio, uma vez que a vítima teme se transformar em acusada e ter sua vida afetiva e sexual pregressa vasculhada, na tentativa de incriminá-la.

Em relação aos aspectos culturais, os brasileiros são mais tolerantes às aproximações físicas. Abraços e troca de beijinhos entre colegas em situações comemorativas são comuns. Piadas de cunho sexual também. Já nos Estados Unidos, a cultura local estabelece uma distância mínima entre as pessoas no trabalho, e os abraços e beijos efusivos ficam reservados para festividades fora da empresa.

Devido a esses aspectos culturais, algumas medidas simples podem diminuir a incidência de assédio sexual. Uma delas é colocar uma chefia do sexo feminino em equipes femininas que venham sofrendo assédio. Outra é estabelecer um canal de comunicação isento, que não passe pelo superior imediato, para as denúncias de assédio. Finalmente, a empresa deve estabelecer uma política antiassédio, explicitá-la, divulgá-la e investigar sempre as denúncias apresentadas, punindo os culpados.

2.2 Do assédio sexual ao assédio moral: os perversos entram novamente em ação

A psiquiatra francesa Marie-France Hirigoyen[5] foi quem trouxe ao cenário brasileiro o debate sobre o assédio moral. Tendo como ponto de partida o seu trabalho clínico e o relato de seus pacientes, Hirigoyen publicou um primeiro trabalho, *Assédio Moral – a violência perversa no cotidiano*, no qual fala das relações perversas entre casais, entre pais e filhos e entre colaboradores da mesma empresa. A repercussão do livro foi tão grande que no mesmo ano foi publicada outra obra que trata exclusivamente do assédio moral no trabalho.[6]

Muitos dos leitores se identificaram com as situações relatadas por Hirigoyen. O colaborador começa a duvidar de sua capacidade, percebe estar cometendo erros frequentes, aparecem sintomas de depressão e de ansiedade e o isolamento do grupo é cada vez mais intenso.

A origem do assédio moral está em uma relação perversa, geralmente entre superior e subordinado, na qual o primeiro busca, de forma sistemática e dissimulada, desconstruir a autoestima da vítima e fazê-la duvidar de si mesma.

O assediado é escolhido por sua fragilidade ou, ao contrário, pelo seu brilho, que é sentido como uma ameaça potencial à carreira e ao próprio brilho do assediador. As mulheres estão entre as principais vítimas, mas, ao contrário do assédio sexual, há muitos relatos de vítimas do sexo masculino que sofreram com o assédio de seus superiores.

O assédio moral, segundo a definição de Hirigoyen, é um processo sistemático e deliberado de minar a crença da vítima em sua própria capacidade. Nesse sentido, não se confundiria com as humilhações coletivas sofridas por trabalhadores de empresas cujas culturas permitem, e até estimulam, o autoritarismo, a competição e a agressividade. Nessas culturas, a humilhação é mais "democrática", ou seja, todos são vítimas, mais cedo ou mais tarde, de um comportamento agressivo ou humilhante. As condições penosas de trabalho impostas a um grupo de trabalhadores (nas minas de carvão, por exemplo) também não seriam enquadradas como assédio moral, mas como condições insalubres de trabalho.

Advogados, juízes do trabalho e sindicalistas brasileiros discutem o conceito de Hirigoyen e consideram que as humilhações ao trabalhador, ainda que coletivas, podem ser tipificadas como assédio moral e, portanto, são passíveis de processos judiciais.

Temos de pensar que Hirigoyen é uma psiquiatra, que procurou compreender o fenômeno a partir do ponto de vista clínico, ou seja, ela construiu seu trabalho com base nos relatos individuais de pacientes em processos de psicoterapia ou psicanálise.

Desse ponto de vista, o assédio moral ocorre da seguinte forma: o assediador escolhe uma vítima próxima ou relativamente próxima, preferencialmente sua subordinada. Conforme foi dito, a vítima pode ser alguém frágil e suscetível a críticas ou, ao contrário, alguém brilhante e com visível iniciativa. O assediador começa então, de forma repetida, planejada e sistemática, a duvidar da capacidade profissional da vítima.

Esse processo não é feito de forma aberta e declarada. Quando a vítima questiona o assediador perguntando o que ela está fazendo de errado, ou como pode melhorar, ou por que está sendo tão maltratada, o assediador negará sua conduta destrutiva e utilizará o recurso perverso de converter a justa demanda da vítima em argumentos contra ela mesma. Dirá que ele não fez nada para que ela se sentisse ressentida ou perseguida, que ela está apresentando um comportamento paranoico, ou que está estressada e procurando culpar os outros, que sua capacidade de julgamento está prejudicada, que é incapaz de estabelecer relacionamentos adequados no ambiente de trabalho e que, por isso, seu rendimento vem decaindo a olhos vistos.

Se a vítima não foi, intencionalmente, convidada para uma reunião importante, o superior alega esquecimento e se desculpa. Se as informações necessárias para o bom desempenho de seu trabalho não chegam até ela, o problema foi com o sistema de informações. Se os colegas passam a olhá-la com desconfiança, é porque alguma atitude dela mesma teria provocado essa situação. Pronto, a vítima começa a ficar confusa e a duvidar de seu próprio discernimento. Será que sou assim tão incompetente? Por que meu trabalho não dá certo? O que estou fazendo de errado para ter chegado a essa situação? São perguntas que o trabalhador assediado moralmente faz a si mesmo, sem perceber que está sofrendo ações deliberadas de seu superior para minar sua autoestima.

Uma das táticas mais utilizadas pelo assediador é buscar o isolamento do assediado. Colocá-lo em conflito com seus pares. Não lhe oferecer oportunidades de participar do grupo. Manchar sua imagem perante os demais, que desejarão evitá-lo como companheiro de trabalho, temendo que suas próprias reputações sejam contaminadas pela simples proximidade com a vítima. É uma atitude de autoproteção do grupo (ou de covardia, se quisermos fazer um julgamento moral da situação): a evitação do membro frágil. O grupo teme ser visto como incompetente, uma vez que abriga um suposto incompetente entre suas fileiras. Além disso, o grupo teme contrariar o parecer do superior e ser também mal avaliado por ele. Ora, se o superior dá a entender que o funcionário "X" é incompetente, quem somos nós para tentar resgatá-lo do ostracismo? Afinal, de que lado estamos?

Com o tempo, a vítima tende a entrar em estado de ansiedade e de depressão, apresenta doenças psicossomáticas, tende a faltar ao trabalho por motivos de saúde e fica desmotivada para com suas atividades profissionais. Nesse ponto, o apoio da família, o atendimento médico e o trabalho psicoterápico são fundamentais para reverter a situação e apoiar o assediado para que se liberte da teia de descrédito, humilhação e autocondenação na qual foi envolvido.

Novamente, a exemplo do assédio sexual, a área de gestão de pessoas, a ouvidoria e a área médica, os sindicatos e os canais de comunicação e denúncia preestabelecidos pela própria empresa podem ajudar. Uma rede de apoio às vítimas é sempre necessária. Entretanto, se a cultura organizacional tolera ou mesmo estimula esse tipo de comportamento, só há uma saída: o afastamento da empresa e, quiçá, um processo trabalhista.

2.3 Relacionamentos no trabalho com motivações não perversas: a amizade no trabalho

Adriana Schujmann,[7] em sua dissertação de mestrado por mim orientada, estudou a amizade no trabalho.

Considerando que as pessoas passam a maior parte do dia no local de trabalho, a interação entre os indivíduos de uma mesma empresa tende a ser intensa. Situações como pertencer à mesma equipe, trabalhar em projetos comuns e dividir o mesmo espaço físico dão margem à criação de laços de amizade.

Mas **será possível que se estabeleçam amizades verdadeiras em um ambiente no qual os benefícios (promoções, salários elevados) são escassos e não estão ao alcance de todos**? Ou em um ambiente no qual a competição é traço cultural? Ou, como foi estudado por Schujmann, quando um amigo é promovido e o outro fica para trás? Como ficam a inveja, o ciúme, a desconfiança, a raiva e o ressentimento nesses momentos? Podemos ter amigos verdadeiros quando há tantos interesses em jogo?

Schujmann concluiu que, ao mesmo tempo em que diversas situações empresariais favoreçam o estabelecimento de laços de amizade, outras tantas não permitem a consolidação de uma relação de amizade desinteressada, mas, sim, de relações de amizade instrumentais, com propósitos que vão além de unicamente afeto e consideração.

Pessoas que são transferidas juntas para outra cidade, pessoas que se aproximam em uma relação de apadrinhamento, colegas que oferecem ajuda mútua e informações preciosas nas dificuldades e na resolução dos desafios diários que o trabalho impõe tendem a estabelecer laços de amizade. No momento em que uma delas é promovida ou que recebe maior atenção do superior, maior destaque em algum projeto, ou que passa a ameaçar a carreira e as probabilidades de ascensão profissional da outra, a amizade começa a ficar abalada.

Assumir uma posição de comando significa estabelecer um novo tipo de relação com as pessoas que de pares passam a subordinados. A amizade se modifica. Disputar a mesma oportunidade transforma colegas e amigos em competidores, e, da mesma forma, a relação de amizade se transforma. Apoiar o amigo, ou não, em situações de conflito no trabalho, defendê-lo de assédio ou humilhação, ensinar-lhe o "pulo do gato" também podem ser atitudes determinantes do tipo de relacionamento que os indivíduos terão dentro e fora da empresa.

A amizade tende a ser instrumental no trabalho, concluiu Schujmann, regida por interesses mais amplos do que somente o afeto e a busca do bem-estar do colega. Em um ambiente com tantos interesses em jogo, um carinho desinteressado tem poucas chances de florescer. Poucas, o que não quer dizer nenhuma. Há relatos de pessoas que se conheceram no trabalho, desenvolveram uma sólida amizade e, algumas, namoraram, casaram e continuaram trabalhando juntas, sem maiores problemas para suas vidas profissionais e pessoais.

2.4 Casamento e família no trabalho: isso dá certo?

Laços familiares costumam ser mais fortes do que laços de amizade. Histórias em comum, situações adversas e favoráveis, doenças e comemorações, emoções, sonhos e expectativas compartilhados, além de diferentes percepções acerca desses acontecimentos, fazem dos relacionamentos familiares uma intrincada rede de sentimentos, expectativas de papel, comunicações não verbais, amores e mágoas, difíceis de serem compreendidas por quem não pertence à família e difíceis de serem transformadas.

Como esses fios emocionais irão se tramar na vida profissional em comum?

Quem já passou por um processo sucessório em uma empresa familiar sabe que o momento da passagem do poder de pai para filho é um momento delicado, em que as relações de autoridade e submissão são revisitadas, os sentimentos de disputa e de inveja entre os irmãos se reacendem, as expectativas de papel se reforçam, as mágoas e as ilusões vêm à tona, a realidade da finitude humana se apresenta mais próxima e o complexo de Édipo volta à cena.

As empresas que obtiveram sucesso na transmissão de comando de uma geração para outra foram, de um modo geral, as que reconheceram que os laços afetivos podem dificultar uma transição eficaz. **A profissionalização no processo sucessório e na empresa que ruma para a segunda geração costuma ser o caminho para a redução dos conflitos e a preservação dos laços familiares intactos, sem prejuízos para os acionistas.**

Entretanto, nem todas as empresas estão no ponto de sucessão ou contam com uma estrutura que permita a profissionalização. Muitas são formadas somente por um casal, ou por dois irmãos, ou por pai e filho.

Alguns desses pequenos empresários familiares afirmam que a sua receita de sucesso é não levar os problemas da empresa para casa. Outros, ao contrário, afirmam que pensar na empresa vinte e quatro horas por dia torna o casal ou os familiares mais unidos em torno de valores e objetivos comuns.

O que se observa é que não há receitas de sucesso quando se trata de relacionamento familiar e vida profissional. Na maioria dos casos bem-sucedidos, porém, o relacionamento fora do trabalho é bom e se mantém bom com ou sem trabalho. O trabalho vem a reforçar os valores pessoais e familiares dos membros da empresa e destaca as competências e as habilidades potenciais de cada um. O respeito e a admiração pelo familiar como indivíduo e como profissional e a definição clara de papéis são outros ingredientes dos casos bem-sucedidos. Acrescem-se aos indicadores de sucesso nos negócios familiares a confiança, o compartilhamento de informações e a descentralização na tomada de decisões, ou seja, o compartilhamento também do poder decisório, a oportunidade de tomar iniciativas e de aprender que se abre para todos da mesma forma, e a tolerância diante dos inevitáveis erros alheios (e dos próprios também).

3 Nas festas de final de ano

Há um ditado que diz: "Festa de empresa não é festa, é trabalho." Nada mais verdadeiro. Os eventos sociais da empresa têm a finalidade de integração, de descontração, de lazer, mas é nesses momentos em que serão observados seu traquejo social, seu autocontrole, sua educação em público. Portanto, as festas na empresa não são o momento mais adequado para estrear aquele modelito descolado extravagante, *sexy*, chamativo ou praiano. Muito menos é o momento de aproveitar a boca-livre e cometer excessos gastronômicos e etílicos. Nem pense em executar danças da moda importadas do carnaval baiano. Arroubos amorosos estão fora de cogitação. Em suma: **não faça nada na festa da empresa que você não faria na própria empresa, à luz do dia, de terno e gravata ou terninho.**

Feitas as devidas restrições, pensemos agora na festa sob o ângulo das possibilidades. A festa da empresa é um momento de aproximação com colegas e superiores com os quais você geralmente não tem contato, quer pela rotina de trabalho, quer pelo distanciamento geográfico ou hierárquico. Conhecer pessoalmente aqueles colegas com os quais você se comunica com frequência por *e-mail* ou telefone pode ser um incremento ao trabalho em equipe.

Evite aproveitar a ocasião para pedir aumentos de salário ou para discutir a sua avaliação de desempenho. Não esqueça de que está em um evento social. Não abra suas mazelas, problemas, dificuldades e intimidades, estimulado pelo ambiente receptivo. Não se esqueça de que está em um ambiente de trabalho.

A festa da empresa também é o momento de você mostrar que é uma pessoa capaz de se comportar socialmente de forma adequada em ambientes diversos daquele que você costuma frequentar e com pessoas pouco conhecidas ou desconhecidas. Manter uma conversação interessante com essas pessoas é uma prova de habilidade de comunicação, extroversão, conhecimentos gerais e cultura.

4 O estagiário

Este capítulo não poderia deixar de abordar a figura quase folclórica do estagiário.

O estágio é uma oportunidade para aprender ferramentas de trabalho, familiarizar-se com novas tecnologias e com o mundo do trabalho propriamente dito. **Experimentar relações hierárquicas, disputas de poder, acesso a informações e projetos inovadores, saber aproveitar oportunidades e relacionar-se com pessoas de diversos níveis são alguns dos ganhos que o estágio proporciona.**

Salvo se você tiver uma necessidade premente por recursos financeiros, o estágio deve privilegiar o conhecimento e a experiência, e não o salário ou bolsa-auxílio. Alguns estudantes caem na tentação de aceitar remunerações elevadas em estágios cujas atividades são repetitivas e monótonas. Nesse caso, os estudantes estão adquirindo tempo de repetição e não tempo de experiência. Experiência é aquilo que você realizou, aquilo que agregou a seu currículo e às suas competências, aquilo que lhe trouxe um diferencial. Tempo de serviço é só a passagem do tempo. O que as empresas querem saber hoje ao contratar um profissional é de que forma ele aproveitou o tempo, as oportunidades e as experiências que teve, e não quanto tempo ficou em cada empresa.

Tratar o estagiário como mão de obra barata, utilizá-lo apenas para fazer cópias de documentos ou fazer cafezinho está na contramão da modernidade organizacional. Em primeiro lugar, é um grande desperdício de potencial, já que os jovens estudantes vêm com todo o entusiasmo, a vontade de mudar, as novas ferramentas, a energia que somente a idade e o início de carreira proporcionam. Em segundo lugar, é uma atitude no mínimo deselegante, pois não é para isso que o estagiário foi contratado.

Alguns colegas tratam o estagiário com desdém ou com brincadeiras desrespeitosas por vários motivos que vão da inveja (o sujeito ainda está estudando, parece muito talentoso etc.) ao preconceito (se é estagiário deve sofrer). Outros veem o estágio como um ritual de passagem, no qual o candidato a funcionário deve ser humilhado publicamente e torturado psicologicamente para provar aos anciões da tribo que é resiliente o suficiente para suportar as provas às quais é submetido. Um tanto primitivo, não?

Qual o código de conduta correto ao receber um estagiário em sua empresa?

Em primeiro lugar, tenha consciência de que o estagiário está na empresa para aprender, e aprender principalmente com os mais experientes. Acompanhe, oriente, ensine, colabore, desafie, estimule, compartilhe. **O convívio com pessoas mais jovens enriquece muito a nossa visão de mundo e traz novos ares e novos ângulos a velhas questões.**

Em segundo lugar, o responsável pelo estagiário deve ser um modelo profissional, alguém que inspire, que motive, que anime o jovem estudante a prosseguir na carreira. Ou que o faça ver que está na carreira errada. Isso mesmo: quem acompanha o estagiário também é responsável por apoiá-lo no processo de autoconhecimento, por fornecer *feedback*, por indicar forças e fraquezas, por servir de espelho. O resultado pode ser que o jovem se descubra brilhante... em outra área! Quem sabe dentro da própria empresa.

Finalmente, oportunidade e exposição são duas palavras-chave. Não esconda nem proteja demasiadamente seu estagiário. Ele tem de perceber que está sendo desafiado e, ao mesmo tempo, preparado para responder aos desafios que a carreira e o trabalho impõem. Errou? Não passe a mão por cima. Acertou? Não se aproprie do seu mérito. Reconheça, recompense.

Qual o código da conduta adequado ao estagiário?

Humildade sem subserviência. O estagiário está na empresa para colaborar, somar, aprender, sugerir. Ainda não é o presidente. Mas também não tem obrigação de executar tarefas sem sentido, e não tem obrigação de achar graça das piadas de estagiário, embora tenhamos piadas realmente engraçadas.

O estagiário subordina-se a alguém, portanto não pode ser responsável exclusivo e único por uma determinada atividade. Mas o estagiário tem, sim, um certo nível de responsabilidade. Não deve eximir-se de assumir desafios porque é "somente um estagiário", nem deixar de suar a camiseta, nem ficar pendurado no telefone, Facebook ou similares, nem ficar estudando para as provas durante o expediente, nem utilizar os recursos da empresa como se seus fossem (xerox, telefone etc.), nem fingir que não é com ele, nem sair da balada direto para uma reunião – ainda que com consumo de substâncias energéticas.

Se você é estagiário, mantenha seu estilo, mas procure não destoar demais do ambiente. Um visual exótico não funciona no ambiente corporativo. Isso vale para roupas e acessórios e para o linguajar. A comunicação deve ser rica, evitando-se jargões, gírias e, obviamente, palavras pouco polidas.

Piadas politicamente incorretas devem ser banidas do ambiente corporativo. As empresas de ponta estão valorizando fortemente a diversidade e não vão tolerar manifestações, ainda que jocosas, de preconceito ou discriminação.

5 Relacionamento entre gerações: os Y e os X trabalham juntos

Os estagiários geralmente pertencem à chamada Geração Y: jovens que foram criados em famílias pouco numerosas, em um clima social de insegurança, e em uma cultura que valoriza o sucesso profissional e a aquisição de bens materiais, além de estarem submersos em um ambiente de alto nível de desenvolvimento tecnológico.

Os pais desses jovens, pertencentes à chamada Geração X, ou à geração que a antecedeu, a dos *baby-boomers*, foram criados entre dois ou mais irmãos, brincando nas calçadas, subindo em árvores, sem sequer imaginar a futura existência de telefones celulares, *notebooks*, iPads e redes sociais. Alguns desses membros trabalharam com dinossauros tecnológicos, como os aparelhos de telex, fax, máquinas de escrever, computadores com disquetes gigantes e impressoras matriciais. Passaram sua adolescência ouvindo música em LPs e toca-discos, em uma época em que os MPs eram apenas um sonho.

Esses pais trabalharam duro para melhorar sua condição de vida, de educação e de conforto em relação aos seus próprios pais. Os avós das gerações Y e Z – sobretudo a Y – lutaram pela sobrevivência, passaram por períodos de instabilidade econômica e política, alguns sofreram com as guerras e o desemprego.

Os X logo perceberam que para manter o seu padrão de vida e oferecer aos filhos a possibilidade de acesso a uma educação de qualidade e aos recursos tecnológicos disponíveis – impulsionadores de uma futura carreira profissional exitosa – deveriam fazer sacrifícios pessoais e familiares. Esses pais X tiveram menos filhos. Há muitos filhos únicos nas gerações Y e Z. O custo de escolas particulares, planos de saúde, aulas de inglês, balé e outras tantas é elevado, o que torna o número de filhos um fator determinante para o nível socioeconômico familiar.

Além disso, com a violência urbana e a impossibilidade de deixar as crianças brincarem sozinhas nas calçadas ou irem caminhando desacompanhadas até a escola, os pais necessitaram dispor de mais tempo ou de babás, de carros, de condomínios com infraestrutura de lazer e segurança vinte e quatro horas.

Nessas condições, **as gerações Y e Z cresceram cercadas de cuidados e de exclusividade, como o centro das atenções, expectativas e investimentos familiares.** Acostumaram-se desde muito cedo a ter acesso à internet, a trabalhar em seus *notes*, ouvindo música nos MPs, conectando-se às redes sociais, falando ao celular. A tecnologia e o menor contato com a comunidade e os familiares transformaram o modo dessas gerações de se relacionarem, de aprenderem, de verem o mundo. Os pais passaram a ser amigos e *coachs*, parceiros e provedores. As casas, refúgios seguros e confortáveis. Os amigos, parceiros que substituem os irmãos, mas que não competem pelo amor dos pais e que vão para suas próprias casas ao final da tarde.

A Geração Y possui uma enorme facilidade de aprendizagem e de utilização de recursos tecnológicos, é capaz de utilizar vários equipamentos ao mesmo tempo e de desempenhar diversas atividades simultaneamente. Não trabalham com uma visão de hierarquia e tendem a perceber os mais velhos também como seus pares. Acostumados com o *feedback* e a atenção constante dos pais, também esperam *feedback* e atenção constantes de seus superiores no trabalho.

Como são rapidamente atendidos em suas demandas (afinal, são filhos de famílias pequenas), muitas vezes são impacientes e buscam resultado rápido em suas ações. O longo prazo, tal como o entendemos, é ainda um pouco obscuro para os Y e os Z. Querem rapidamente ocupar cargos de responsabilidade, querem trabalhar de forma autônoma, mas com um bom acompanhamento e alguém que reconheça seus méritos.

Os Z e os Y estão longe de ser os rebeldes das gerações anteriores. Sair logo de casa? Nem pensar. Não há motivo para abandonar o conforto e o apoio do lar paterno, no qual há segurança e liberdade, aquela liberdade que as gerações anteriores tanto buscavam.

Gerações diferentes, perfis diferentes. Visões de mundo diferentes trabalhando juntas. Os X podem se beneficiar da facilidade dos Y de acessar e produzir com os recursos tecnológicos mais recentes. Podem se espelhar em seu entusiasmo, descontração e capacidade de contato social. Os Y podem aprender com a experiência, a paciência e a perseverança dos X. Podem usufruir dos *feedbacks* que os X oferecem. Enfim, essa interação pode ser rica e proveitosa para todas as gerações.

Sob outro aspecto, as mesmas diferenças que geram complementação podem gerar conflitos. Os Y podem ver os X como acomodados, lentos, ultrapassados e autoritários. Os X podem ver os Y como irreverentes, impacientes e indisciplinados ou mesmo pouco perseverantes.

Transformar a interação entre as gerações em um evento positivo depende das políticas de diversidade da empresa e da flexibilidade de seus colaboradores. O tempo dos donos da verdade acabou para todas as gerações.

6 Relacionamento no ambiente corporativo: tendências para o futuro

Os relacionamentos no ambiente corporativo do futuro tendem a ser cada vez menos hierarquizados, mais informais e mais cooperativos. As diferenças individuais tendem a ser combinadas de forma a buscar competências complementares em cada equipe. O respeito e a comunicação aberta devem ser pautas constantes das relações entre colaboradores, sejam eles pares ou subordinados. Os estilos autoritários cedem espaço aos estilos participativos. A ética é revisitada para afastar de vez as ocorrências de assédio moral e de assédio sexual.

Uma nova corrente humanista? Talvez sim, talvez não. Talvez essa nova ética de relacionamento parta do reconhecimento de que compartilhar informações e construir conhecimento, elementos tão necessários à capacidade de adaptação das empresas e à produção de inovações, não se fazem sem abertura, flexibilidade e desenvolvimento humano.

A gestão de pessoas passa a ocupar posição estratégica nas corporações com foco em seleção, desenvolvimento, processos sucessórios, remuneração estratégica e planejamento. Desenvolvimento e educação serão indissociáveis, assim como felicidade no trabalho e fora dele.

As metas por produtividade deverão ser fontes de desafio e não de estresse, uma vez que os objetivos e as condições para o seu atingimento serão negociados e viáveis. A remuneração será variável, com critérios claros, valorizando-se os resultados e o mérito.

Os conflitos serão trabalhados e considerados parte integrante das relações humanas, mas não serão estimulados com fins maquiavélicos. A depressão e a ansiedade causadas por clima organizacional tenso, pelo excesso de competição, pela falta de recursos e por tarefas repetitivas, monótonas ou desgastantes terão sua intensidade diminuída pelo enriquecimento dos cargos, automação das tarefas mais insalubres e redução das jornadas de trabalho.

Problemas de relacionamento no ambiente de trabalho nunca deixarão de existir, assim como há problemas nos relacionamentos entre familiares, casais, amigos. Entretanto, as políticas de gestão de pessoas serão delineadas de forma a minimizar as dificuldades e encaminhá-las da melhor forma possível. Atitudes desrespeitosas não serão, definitivamente, toleradas.

Um exemplo de relacionamento no trabalho: casais que trabalham juntos

Milton e Sandra Chies são casados há muitos anos. Oriundos de uma pequena cidade do interior do Rio Grande do Sul, começaram o namoro quando Milton ainda trabalhava na lavoura e sobrava pouco tempo para as festas e o divertimento. O início da vida profissional de Milton foi difícil. Trabalhava no plantio e na colheita durante a manhã e à tarde ajudava o pai no comércio. Acordava às cinco horas e dormia à uma da madrugada. Já um rapaz, veio para a capital, iniciando, juntamente com parentes, o negócio de alimentação. Sandra aguardou por Milton com perseverança. Mesmo com pouco tempo para os encontros românticos, ambos sabiam de suas afinidades e tinham certeza de seus sentimentos e de seus propósitos de vida. Lutaram juntos. Cresceram juntos. Hoje são donos de uma rede de restaurantes, com dezenas de empregados e uma rentabilidade respeitável. Milton criou uma rede de fornecedores e de compradores a fim de impulsionar a economia de sua região, reduzir os custos da matéria-prima e garantir sua qualidade.

O casamento? Vai muito bem, obrigado. A empresa? Também vai muito bem.

Como eles conseguem? Esforço, companheirismo, família como um valor, diversão e entretenimento em comum, papéis bem definidos no trabalho, talentos complementares, admiração mútua e investimento nos negócios, nas pessoas, na família e na comunidade.

Sandra cuida do cardápio, acompanha a preparação dos alimentos, desenvolve novas receitas. Recentemente foi à Itália aprimorar seus dotes culinários a convite do governo italiano.

Milton cuida do estabelecimento de parcerias e de redes, dos novos negócios, dos investimentos e das finanças.

Ambos cuidam das filhas, da casa, da família e da comunidade. Viajam juntos nas férias, fazem esportes de aventura, aproveitam o conforto de uma casa especialmente construída em meio a um amplo jardim, para receber os amigos e os parentes.

A família e os negócios agradecem. E os clientes também.

Milton e Sandra Chies. O casal brinca que durante o namoro ele lhe prometeu um palácio. E cumpriu! Hoje eles são donos do restaurante Palácio do Buffet.

Vamos ao trabalho: os casos

Caso em uma instituição pública

Márcia e Natália sempre foram muito amigas. Quando Márcia ingressou na organização, foi recebida por Natália, encarregada de seu apadrinhamento. Natália lhe ensinou as principais tarefas, a apresentou aos colegas e aos demais setores e dirimiu suas dúvidas. No almoço, iam juntas aos restaurantes próximos e no final da tarde não era incomum participarem de *happy-hours* com os colegas.

Quase um ano após Márcia ter tomado posse no cargo, surgiu uma oportunidade de comandar uma equipe nova que estava se formando. O futuro coordenador dessa equipe receberia uma função gratificada bastante estimulante do ponto de vista financeiro, além de visibilidade, poder decisório e ganhos de carreira. Márcia foi indicada. E prontamente aceitou.

Quando soube que sua amiga havia sido promovida, Natália sentiu-se injustiçada. Afinal, ela estava na organização há mais tempo do que Márcia e ela é quem havia ensinado à nova colega tudo o que sabia.

1. O que você faria no lugar de Natália?
2. Márcia deveria ter aceitado o novo cargo?
3. Como você imagina que ficarão a amizade e o relacionamento entre elas após a promoção?

Caso em uma instituição privada

Marina é a nova gerente de produção de uma grande indústria metalúrgica. Formada em engenharia, foi selecionada para o cargo por sua brilhante carreira acadêmica, seu raciocínio rápido e sua capacidade de expressão. Marina é objetiva, sabe planejar bem suas atividades e tem experiência em gestão de projetos.

A equipe que Marina irá liderar é composta quase que exclusivamente por homens, uns poucos formados em engenharia, muitos com o ensino médio e formação técnica. O antecessor de Marina era um sujeito rude, de modos nada polidos, mas bastante entrosado com a equipe, a qual conduzia com pulso firme.

A recepção à nova gerente não foi nada animadora. Os membros da equipe disseram claramente que não queriam se reportar a uma mulher "pequena e frágil" e que aquele setor era lugar para homens. Alguns fizeram piadinhas sexistas no intervalo do trabalho, referindo-se à nova colega.

1. O que você faria no lugar de Marina?
2. Qual a estratégia que você desenvolveria para fazer frente à oposição da equipe?
3. Qual deve ser o posicionamento da empresa?

Caso em uma pequena empresa

Débora é a nova estagiária de administração de uma pequena empresa no ramo de confecções. A empresa é composta pelo proprietário, que atua predominantemente na área financeira, e dois sócios, que atuam nas áreas comercial e de produção, respectivamente.

Além dos sócios, a empresa conta com uma equipe de costureiras e desenhistas, um assistente financeiro e uma equipe de vendedores.

A tarefa de Débora é apoiar as equipes, sobretudo as equipes financeira e comercial, na organização administrativa de seus setores.

Logo no primeiro dia, Débora foi recebida por Ernesto, o sócio responsável pela área comercial. Ernesto mostrou-se receptivo e prestativo, o que deixou Débora mais tranquila em relação à sua adaptação à empresa. Entretanto, a receptividade inicial de Ernesto acabou por mostrar-se exagerada. Ele lhe oferecia carona todos os dias após o expediente, deixava flores na sua mesa e convidava-a para o almoço, insinuando que a refeição poderia ser feita em um local reservado.

Débora passou a sentir-se desconfortável. Não tinha nenhuma intenção de ceder aos avanços de Ernesto, mas, por outro lado, não queria prejudicar sua carreira.

Os outros sócios e os funcionários começaram a perceber a situação e a comentá-la nos corredores, deixando Débora ainda mais constrangida.

1. O que você faria no lugar de Débora?
2. O que você faria se fosse um dos sócios de Ernesto?
3. O que você faria se fosse colega de Débora?

Caso em uma empresa familiar

Júlio e André são irmãos. Filhos de um empresário da região serrana de Minas Gerais, trabalham com o pai conduzindo um sólido grupo de lojas de departamentos, com filiais em todo o estado. O pai, João Francisco, assumiu a empresa criada pelo avô de Júlio e André há algumas décadas. João Francisco é o presidente do grupo. Júlio é responsável pelas áreas financeira, de sistemas e de produção. André cuida de *marketing*, vendas, administração e gestão de pessoas.

Tudo ia bem até que o médico da família diagnosticou um problema cardíaco importante em João Francisco e recomendou fortemente que ele fosse se afastando das atividades, repassando a gestão da empresa para os filhos ou para quem quer que fosse, a fim de preservar o que restava de sua saúde e prolongar sua expectativa de vida.

Júlio não tem a menor dúvida de que será indicado à presidência, por ser o filho mais velho e ocupar, a seu ver, as áreas mais estratégicas da empresa.

Por sua vez, André pensa ser mais capaz de assumir a presidência, por ter concluído recentemente um MBA e por ter um perfil inovador.

1. O que você faria no lugar de João Francisco?
2. E no lugar de cada um dos filhos?
3. Qual a melhor forma de conduzir o processo sucessório?

Questões para discussão

1. Você acredita que a amizade no trabalho é sempre de caráter instrumental? Justifique.
2. Quais os principais critérios para que a sucessão na empresa familiar seja positiva?
3. A pessoa assediada no trabalho pode ser culpada por contribuir para a ocorrência do assédio?
4. Quais os impactos que a existência do assédio moral traz para as empresas?
5. Membros da Geração X tendem a ser mais acomodados e resistentes do que os membros da Geração Y? Justifique.
6. O que deve ser estabelecido em um contrato psicológico de estágio?
7. Quais os assuntos que devem e quais os assuntos que não devem ser abordados em uma festa de empresa?
8. É possível e desejável evitar conflitos no trabalho? Como e por quê?
9. Você namoraria uma (um) colega de trabalho? Justifique.
10. Você é da opinião de que a empresa tem o dever e o direito de interferir nos relacionamentos pessoais entre os colaboradores? Justifique.

BIBLIOGRAFIA E NOTAS

1. JUNG, Carl G. *O Homem e seus símbolos*. Rio de Janeiro: Nova Fronteira, 10. ed, s/d.
2. TANURE, Betânia; CARVALHO NETO, Antônio; ANDRADE, Juliana Oliveira. Fontes de tensão no olimpo empresarial brasileiro: tempo de menos, mudanças e sobrecarga demais, muito orgulho e o peso do teatro corporativo. XXXI ENCONTRO DA ANPAD, Rio de Janeiro, set. 2007.
3. CSIKSZENTMIHALYI, Mihaly. *Gestão qualificada:* a conexão entre felicidade e negócio. Porto Alegre: Bookman, 2004.
4. COSTA, Silvia Generali. *Assédio sexual:* uma versão brasileira. Porto Alegre: Artes e Ofícios, 1995.
5. HIRIGOYEN, Marie-France. *Assédio Moral:* a violência perversa no cotidiano. Rio de Janeiro: Bertrand Brasil, 2002.
6. _____. *Mal-estar no trabalho.* Rio de Janeiro: Bertrand Brasil, 2002.
7. SCHUJMANN, Adriana; COSTA, Silvia Generali. Amizade no local de trabalho. In: COSTA, Silvia Generali (org.). *Psicologia aplicada à administração*. São Paulo: Campus, 2011.

LEITURAS RECOMENDADAS

COSTA, Silvia Generali (org.). *Psicologia aplicada à administração*. São Paulo: Campus, 2011.

LIPKIN, Nicole; PERRIMORE, April. *A geração Y no trabalho*. São Paulo: Campus, 2010.

OLIVEIRA, Marco Antônio de. *Jogos de sedução e sublimações:* como a sexualidade se expressa no trabalho. Porto Alegre: Nobel, 1995.

OLIVEIRA, Sidnei. *Geração Y:* o nascimento de uma nova versão de líderes. São Paulo: Integrare Editora, 2010.

Revista *Piauí*. O setembro negro da Sadia (http://fernandonogueiracosta.files.wordpress.com/2011/11/piauc3ad-o-setembro-negro-da-sadia-011109.pdf).

3

Inovação e Mudança Organizacional

> *"... não se pode acreditar que a mudança em si seja uma coisa boa e ao mesmo tempo confiar implicitamente na validade do presente."*
>
> Bennis, 1976.

Objetivos do capítulo

- Discutir o papel do líder nos processos de mudança organizacional.
- Discutir o papel dos seguidores nesses processos.
- Identificar as diferenças nos processos de mudança relacionadas ao tipo de cultura adotada pela organização.
- Debater os conceitos de mudança e inovação.
- Debater a relação entre mudança e criatividade.

Pensar no futuro é pensar em um cenário potencialmente diferente. Não concebemos a passagem do tempo sem mudanças. Com o passar dos anos conhecemos algumas pessoas e nos afastamos de outras; nosso tempo dedicado integralmente ao brincar passa a ser tomado pelo estudar, e, posteriormente, predomina o trabalhar. Nossas prioridades se alteram, nosso corpo vai sofrendo modificações, o ambiente que nos cerca não é mais o mesmo, e surgem inúmeras transformações tecnológicas, sociais, culturais, econômicas e políticas, que alteram nosso modo de viver e de encarar a vida.

Dependendo de onde e de quando nascemos, nossas probabilidades de sucesso no mundo do trabalho podem ser completamente distintas. Malcolm Gladwell descreveu esse fenômeno no seu livro – *Fora de Série – Outliers*,[1] no qual investiga as circunstâncias que levaram empresários e executivos a se tornarem ricos e famosos.

Ninguém duvida que as circunstâncias e os indivíduos mudem. O que se destaca, no cenário contemporâneo, é a aceleração dos processos de mudança na forma como concebemos o trabalho, a passagem do tempo, nossa forma de aprender e de nos relacionarmos, impulsionada pelas tecnologias da informação.

O desenvolvimento humano, entretanto, não acompanha necessariamente o desenvolvimento tecnológico. **Embora possamos assumir intelectualmente a necessidade de constante mudança, nossa capacidade pessoal e grupal de adaptação não é tão rápida.** Fomos concebidos para temer o desconhecido, como um mecanismo de autoproteção, e, à medida que acumulamos experiências negativas, tornamo-nos mais cautelosos. O ser humano é altamente adaptável em termos evolutivos, como espécie, ou seja, é capaz de reagir de formas distintas aos desafios ambientais buscando a sobrevivência. Individualmente, porém, e a curto prazo, nem todos os seres humanos dispõem de uma estrutura emocional, física e cognitiva altamente flexível. Os trabalhadores que dispõem dessa estrutura serão os mais procurados pelas empresas ansiosas por acompanhar as mudanças que a competitividade impõe.

Nas organizações de trabalho, as novas tecnologias de informação e de gerenciamento, muitas delas economizadoras de mão de obra, resultaram em um novo arranjo na forma, nas exigências e na intensidade do trabalho. Com o apoio de recursos de comunicação rápida, o trabalho se intensifica e perde seus limites de tempo e espaço. É possível trabalhar a qualquer hora, em qualquer lugar.

Muitas atividades deixam de existir e outras tantas surgem, em um mercado de trabalho dinâmico, com regras "ilegíveis", como disse Richard Sennett no seu livro *A Corrosão do Caráter*.[2]

A Geração Y desconhece o aparelho de fax, o telex, as máquinas de escrever, as impressoras matriciais, os disquetes gigantes e os LPs. Sabe, porém, que sua carreira não será mais linear, em uma única organização, crescendo gradual e lentamente, passo a passo.

As principais mudanças no mundo do trabalho estão relacionadas à exigência de profissionais flexíveis, dinâmicos, com nível intelectual elevado, conhecimentos atualizados e capacidade de aprender.

Os aspectos comportamentais passam a ser mais valorizados do que os conhecimentos técnicos, que se tornam obsoletos em pouco tempo. Muitas organizações entendem que é mais produtivo contratar um indivíduo com a chamada Inteligência Emocional,[3] inexperiente, mas capaz de aprender rapidamente novas ferramentas de trabalho, do que contratar alguém com bons conhecimentos técnicos, mas fracas habilidades relacionais e cognitivas.

Espera-se que gestores e operadores estejam sempre de prontidão para a mudança, e estudam-se métodos e técnicas para vencer os focos de resistência.

Já foi dito que liderar é lidar de forma eficaz com a mudança. O líder deve planejar a mudança, compartilhar com a equipe as etapas do planejamento, identificar coalizões contrárias à mudança, prover reforços positivos aos que favorecem o surgimento do novo estado das coisas e ter poder de manobra para afastar ou cooptar os que boicotam o processo.

1 O papel do líder nos processos de mudança organizacional

Dissemos que o líder é a peça-chave nos processos de mudança organizacional. Vamos ver de que forma ele deve agir para alavancar esses processos e garantir sua efetividade.

Basicamente, o líder tem os seguintes papéis no que tange à mudança organizacional:

1. **Identificar prioridades:** sempre há melhorias a serem feitas em qualquer organização. Todos os departamentos, áreas e divisões clamam por recursos, atenção e mudanças que julgam serem as mais importantes para que a empresa atinja seus resultados. Entretanto, geralmente os gestores não dispõem de recursos financeiros, humanos e logísticos para modificar tudo o que deve ser modificado, ao mesmo tempo. Assim, cabe ao gestor definir prioridades. Para tanto, o trabalho de Paretto,[4] uma das bases dos programas de qualidade, sugere que devemos iniciar pelos problemas que causam maior impacto, sem necessariamente exigir mais recursos para sua solução. Indicadores de prioridades de mudança são aqueles problemas que afastam os clientes (o número de turistas que se aventuram a fazer um cruzeiro marítimo caiu significativamente após o acidente com o navio *Costa Concordia*, na Itália, no início de 2012); que impactam na rentabilidade (matéria-prima com custo elevado, por exemplo. Os jornais impressos enfrentaram esse problema com os repetidos e elevados aumentos do custo do papel); que

levam à perda de mercado (o caso dos vencimentos das patentes de alguns produtos únicos no mercado ensejou a entrada massiva de concorrentes, como foi o caso dos lactobacilos Yakult e do macarrão instantâneo Miojo Lámen); situações que coloquem em risco a vida de funcionários e clientes (a rede de lanchonetes McDonald's já foi alvo de um processo criminal quando um dos brinquedos da loja quebrou, causando a queda e a morte de uma criança); e geram desperdício e morosidade (os Tribunais Eleitorais brasileiros adotaram há aproximadamente uma década o sistema de urna eletrônica, agilizando os processos de votação e apuração de votos, o que se tornou um modelo para outros países).

2. **Desenvolver a visão de futuro:** o líder deve ter a visão global do negócio e antecipar-se aos acontecimentos. Ele traça possíveis cenários para o desenvolvimento de sua empresa, percebendo as tendências de mercado, as perspectivas tecnológicas, as mudanças culturais. Nesse sentido, podemos citar um líder visionário por excelência, recentemente falecido, Steve Jobs. Jobs desenvolveu produtos com forte apelo comercial porque os criou com base nas necessidades dos consumidores, antes mesmo que estes soubessem que a necessidade existia e que poderia ser atendida por um determinado produto. Foi o caso do iPad.

3. **Construir alianças:** nenhuma mudança se faz sozinha. **Ter boas ideias não significa conseguir implementá-las.** Alguém já disse que o dono da ideia não é aquele que a teve, mas aquele que a tornou uma realidade. Quem quiser efetivar uma mudança precisará persuadir os demais, principalmente aqueles que têm o poder de fazer as coisas acontecerem, de que a sua proposta é melhor que as demais propostas apresentadas, que trará maiores benefícios a todos (inclusive aos apoiadores, é claro) e maior lucratividade. Só assim será possível obter recursos financeiros, humanos e logísticos para implementar os novos processos. Das capacidades do líder nessa etapa destacam-se a persuasão, o trânsito entre os diversos níveis de hierarquia, a capacidade de negociação, de contato e de realização.

4. **Envolver os grupos de interesse no planejamento: a operação costuma saber dos pontos críticos do negócio, uma vez que é esse grupo que está em contato direto com os clientes.** Não o envolver é ignorar uma importante fonte de *feedback* do público-alvo do seu negócio. Os gestores intermediários serão os responsáveis por conduzir as equipes durante a mudança, portanto devem estar plenamente convencidos de que o processo é desejável e necessário. Esse grupo detém informações sobre a capacidade de resposta das equipes, sobre os recursos disponíveis e os possíveis gargalos. Ignorá-lo significa enfrentar problemas logísticos futuros. O apoio da alta administração é fundamental, pois é esse grupo que dará o aval à mudança, liberará recursos e envolverá grupos mais amplos, muitos externos à empresa, para que apoiem os esforços realizados internamente. Sem o apoio desse grupo, apenas pequenas mudanças, de âmbito estritamente setorial e sem grande impacto organizacional, poderão ser implementadas com relativo sucesso. Nunca é demais relembrar que as pessoas envolvidas no planejamento das mudanças

participarão destas de forma mais efetiva, diminuindo resistências e aumentando o sentimento de valorização e de reconhecimento profissional. Além disso, com a complexidade dos processos organizacionais atuais, quanto maior o número de contribuições e visões de diferentes ângulos da mesma questão, maiores as chances de alguém ser bem-sucedido em uma mudança organizacional.

5. **Identificar focos de resistência à mudança:** é pouco realista esperar que todos adiram à mudança proposta, de forma homogênea e entusiasmada. Sempre haverá os contrários ao projeto, pelos mais diversos motivos – receio de perda de privilégios, insegurança quanto à sua capacidade de acompanhar as novas exigências, medo de perder poder e prestígio, medo de ser superado, medo de perder o emprego, medo do desconhecido, medo de ficar à mercê de uma transformação desejada, gestada e proposta (quando não imposta) por outrem. Miguel Caldas[5] já escreveu um artigo desmistificando o senso comum de que a resistência é sempre negativa. **A resistência à mudança gera uma massa crítica sobre o planejamento do novo *modus operandi*** e, dessa forma, permite um redirecionamento de alguns aspectos que poderiam se tornar problemáticos a curto prazo. Nesse sentido, podemos comparar a resistência à mudança à dor, algo que ninguém gostaria de sentir, mas que nos alerta de que alguma coisa está necessitando de atenção e cuidado. O medo de perdas, expresso pelos resistentes, pode ter bases bastante concretas. Quando se abandona um *status quo*, algo sempre é perdido. O que define nossa adesão à nova proposta é o que ganhamos. O balanço ganhos-perdas deve ser considerado positivo para que qualquer indivíduo minimamente sensato coopere com as transformações que estão sendo operadas. Assim, identificar perdas e ganhos e negociar com os envolvidos são maneiras de diminuir resistências.

6. **Identificar lideranças informais:** identificar as lideranças formais não é tarefa problemática. Basta um organograma da empresa e o assunto está resolvido. Quando se tenta identificar as lideranças informais, entretanto, a situação torna-se mais complexa. Quem exerce influência sobre quem? De que forma? Com que intensidade? Liderar é exercer influência, independentemente do cargo ocupado e de suas prerrogativas. Pensar que o poder formal supera o poder informal é um erro que pode enterrar qualquer tentativa de mudança.

7. **Servir de modelo e exemplo:** o líder deve personalizar, incorporar, ser o porta-voz incansável das novas propostas. Se o líder titubeia, mostra hesitação e dúvidas, o moral dos seguidores pode sofrer abalos irreversíveis. Se o líder diz uma coisa e faz outra, perde a confiança da equipe; se promete coisas e não as cumpre, gera revolta; se propõe medidas descabidas em prazos irrealizáveis, causa ansiedade ou desânimo; e se não compartilha com os demais os passos da mudança, seus progressos parciais, suas dificuldades e os ajustes necessários, provoca medo e desconfiança. Quando todos estiverem receosos, o líder irá lhes devolver a confiança e a firmeza. Quando as situações se tornarem por demais

adversas, o líder mostrará que as dificuldades são apenas etapas indissociáveis do processo, que o grupo caminha na direção certa, que não perdeu o rumo, que os esforços serão recompensados pelo resultado a ser alcançado em futuro próximo.

Não é nada fácil implementar e consolidar programas de mudança. Há sempre alguns fracassos, retrocessos, conflitos e dificuldades, por isso a necessidade de lideranças fortes. Mas os seguidores também têm um papel importante para o sucesso da mudança. Vamos abordar um pouco desse papel.

2 O papel dos seguidores nos processos de mudança organizacional

O fenômeno da liderança não se faz sem a integração efetiva líder-seguidores. Os seguidores apoiam as ações do líder, lhe conferem legitimidade, ou, ao contrário, impossibilitam suas ações.

Os seguidores podem entender que a visão de futuro proposta pelo líder é suficientemente desejável, a ponto de que o grupo aceite correr os riscos que uma mudança implica. **A empatia, o entrosamento e a aceitação entre líder e equipes são fundamentais para o estabelecimento de uma relação de confiança facilitadora da mudança organizacional.**

Quando o líder e suas propostas não obtêm aceitação, pode-se esperar o surgimento de boicotes, intrigas, boatos, coalizões contrárias, lideranças negativas e episódios de assédio moral de baixo para cima (*down-top*). A qualidade técnica da proposta e o planejamento bem-elaborado não são suficientes para que um líder obtenha a adesão da equipe à sua proposta. Por mais bem desenhado que seja o plano de mudança, a adesão dificilmente será integral.

Há motivos que ultrapassam as questões técnicas e atropelam a racionalidade. Um desses motivos pode ser a rivalidade ou a inveja. Não querer ver o outro brilhar, temer ser ultrapassado, invejar a criatividade ou capacidade de trabalho alheia são fenômenos presentes em diferentes tipos de organização. A inveja e a natureza competitiva fazem parte do arsenal de sentimentos e características humanas, mais acentuadas em algumas pessoas, menos em outras, mais controladas em umas, mais flagrantes em outras.

Há seguidores que, a despeito de sentimentos de inveja e competição, nutrem ideias e sensações de acomodação, de descrença e de inatividade, geralmente em ambientes nos quais diversas mudanças já foram propostas sem que uma verdadeira transformação no estado das coisas de fato ocorresse ou nos quais as vantagens prometidas fossem direcionadas somente a alguns.

Cabe aos seguidores procurar conhecer uma proposta de mudança antes de resistir a ela, buscar informações sobre seus efeitos, sobre o perfil de quem a lidera, sobre as consequências do que está por vir. Um papel fundamental dos seguidores, conforme já foi dito, é participar ativamente com seu conhecimento sobre as rotinas e operações, experiências diárias e com o *feedback* dos clientes.

Oferecer ao líder a oportunidade de conhecer o ponto de vista dos seguidores é um passo para a participação efetiva das equipes. Não rejeitar uma ideia *a priori* é fundamental. De ideias aparentemente amalucadas surgem inovações importantes.

Apoiar os colegas ansiosos ou desanimados também é uma tarefa importante do seguidor engajado. Dirimir dúvidas, fazer as perguntas certas na hora certa, buscar as respostas que podem acalmar os ânimos, contribuir com sua capacidade técnica e seu equilíbrio e com, basicamente, seu conhecimento da cultura organizacional é o que se espera dos seguidores.

3 Mudança em diferentes culturas organizacionais

A cultura organizacional pode ser um elemento decisivo no ritmo, na intensidade e no sucesso de um processo de mudança organizacional. Culturas conservadoras, muito fortes, estáveis ou autoritárias representam barreiras consistentes a qualquer tentativa de alteração em sua forma de funcionamento. Por outro lado, empresas com culturas flexíveis, voltadas para a inovação, têm embutidos em seu espírito o desejo e a receptividade ao novo.

Um dos elementos definidores da cultura organizacional é o tipo de produto ou de serviço oferecidos. Empresas que operam em mercados de alta competitividade e que fabricam produtos de tecnologia mais avançada necessitam, obrigatoriamente, desenvolver uma cultura voltada para a inovação.

Empresas que atuam em um mercado mais estável, com a fabricação de produtos em massa e processos produtivos simplificados, podem manter, até certo ponto, uma cultura mais conservadora. **Mesmo as instituições mais tradicionais, como as militares, estão verificando a necessidade de inovação para atender às demandas de novos tempos. Novas táticas de defesa e de ataque, novos tipos de armamento e a inteligência militar são exemplos de inovação em culturas aparentemente conservadoras e estáveis.**

São elementos de uma cultura de inovação:

- **Capacidade de aprendizagem dos membros da organização:** atitude favorável, motivação e capacidade para aprender são necessárias para a adaptação às tecnologias emergentes e às novas formas de estruturação do trabalho.

- **Capacidade de aprendizagem organizacional:** como a organização sistematiza, armazena e acessa as informações geradas por seus membros e como as transforma em conhecimento e consegue aplicá-lo para gerar vantagens competitivas.

- **Investimento em pesquisa e desenvolvimento:** não só de novos produtos, mas de novas tecnologias gerenciais, novos arranjos para aproveitamento máximo do capital humano e de novas formas de oferecer serviços que agreguem valor aos produtos oferecidos.

- **Refinar as técnicas de captação de talentos:** o recrutamento e a seleção passam a ser estratégicos em culturas voltadas para inovação. Criatividade, capacidade de trabalhar em equipe, capacidade de transformar, analisar e rever processos e flexibilidade são fundamentais. O potencial deve ser analisado porque a empresa voltada para a inovação cresce.

- **Investimento em treinamento, desenvolvimento e educação:** manter o time atualizado, capacitado e, sobretudo, de prontidão para novas responsabilidades e desafios, desenvolver sucessores, estimular a participação e a liderança, abrir espaço para a criatividade e a solução de problemas e valorizar o capital humano.

- **Remuneração variável:** indivíduos diferentes, resultados diferentes, recompensas diferentes. Justiça em empresas voltadas para a inovação é recompensar os esforços que levam a resultados superiores, os talentos que se sobressaem, as mentes brilhantes, as personalidades de destaque. Oferecer benefícios e incentivos iguais para resultados diferentes não soa razoável nesse tipo de organização.

- **Estimular a participação e aceitar os erros:** não se inova e não se muda sem alguns erros. Como diz o ditado, só não erra quem não faz. As culturas voltadas para a inovação toleram o erro porque estimulam as tentativas. Sabem que punir qualquer erro é desestimular as pessoas a tentar. O medo inibe a criatividade. Analisar e valorizar as boas ideias também é uma forma interessante de estimular a participação. Implantar ideias lucrativas e recompensar seus autores complementa a estratégia de estímulo à participação.

Finalmente, **a alta administração deve estar comprometida com a mudança e demonstrar entusiasmo e flexibilidade suficientes para estimular os times e alavancar descobertas**.

4 Mudança e inovação: o modelo de Steve Jobs

Não ter medo de errar e aprender com os erros; trabalhar com equipes altamente motivadas, pequenas e capacitadas; desenvolver uma cultura corporativa forte de inovação e de perfeccionismo; buscar sempre a inovação; ser capaz de erguer-se novamente após uma grande queda (após qualquer queda); estabelecer prioridades e saber o que realmente é importante; antecipar-se às necessidades dos clientes; criar novos caminhos em meio à concorrência; ousar ter ideias e tomar decisões diferentes daquelas que a maioria teria ou tomaria; fazer o que se gosta e se envolver verdadeiramente com aquilo no qual se acredita. Essas são algumas das lições deixadas por Steve Jobs (1955-2011), fundador da Apple.[6]

Jobs tornou-se um ícone da inovação tecnológica ao desenvolver os primeiros computadores domésticos, o iPod, o iPhone, o iPad, o *software* de editoração eletrônica PageMaker e ao transformar o mundo dos desenhos animados através de recursos de computação, lançando sucessos como *Toy Story* e *Monstros SA*.

Muitos se perguntam qual o segredo de Steve Jobs, filho de uma norte-americana e de um imigrante sírio, adotado por um casal de norte-americanos, que sequer concluiu a faculdade por falta de recursos financeiros.

Talvez seu segredo, além de sua reconhecida genialidade, capacidade de trabalho, capacidade de persuasão e clareza de ideias, seja a capacidade de sempre fazer perguntas. O que meus clientes podem vir a desejar, ainda que não o saibam? De que forma recursos tecnológicos complexos podem ser apresentados ao público leigo? De que forma podemos simplificá-los para facilitar o dia a dia dos usuários? Como os recursos computacionais podem ser utilizados em novas áreas de negócios? Como aliar praticidade e funcionalidade à estética e ao *design* avançado?

Jobs afirmava não se importar em ser milionário, mas sim em desenvolver suas ideias, deixar sua marca, fazer o que amava. A fortuna que amealhou durante sua carreira foi uma consequência do trabalho apaixonado, de seu espírito criativo e de sua incansável busca pelo novo. Por todos esses motivos, Jobs será sempre lembrado como um exemplo de inovação.

Em contraste, temos a triste história de Steve Ballmer, CEO da Microsoft após Bill Gates. O período de Ballmer à frente dos negócios é chamado pela *Vanity Fair* de "A década perdida da Microsoft".[7]

Ballmer perdeu o bonde da inovação e foi ultrapassado pela Apple, pela Google e por outras empresas que continuaram a criar produtos conectados com os desejos e as expectativas dos clientes, sobretudo de acesso à rede em qualquer lugar e hora e de interatividade social. Diz Eichenwald, o autor do artigo da *Vanity Fair*: "Em meio a um mercado dinâmico e em constante mutação, a Microsoft (…) tornou-se um equivalente de alta tecnologia aos fabricantes de carros de Detroit, trazendo da linha de montagem modelos chamativos da mesma coisa antiga, ao mesmo tempo em que os concorrentes surpreendem o mundo" (tradução livre).

Eichenwald se pergunta como uma empresa criada por jovens talentosos, visionários e criativos pode se transformar em uma empresa burocrática cuja cultura recompensa gestores que rejeitam ideias criativas que ameaçam a ordem estabelecida. A resposta aponta para o estilo de liderança de Ballmer: impermeável a *feedback*, conservador, desconfortável com mudanças. Com a cultura imprimida por Ballmer, foi impossível para a Microsoft manter-se no mercado como uma empresa inovadora e flexível.

A diferença entre Jobs e outros seres criativos

Criar é desenvolver uma ideia. Inovar é colocá-la em prática, fazer com que a ideia se transforme em um produto ou serviço que atenda às necessidades de uma determinada clientela.

Há muitos indivíduos criativos que não conseguem transformar suas ideias em inovação. Para transformar uma ideia em realidade, é preciso:

a) **Convencer parceiros estratégicos de que a ideia é viável, potencialmente criativa e socialmente útil.** Aqui são necessárias a capacidade de persuasão (que Jobs tinha de sobra), a identificação dos parceiros certos (mobilizados pelo projeto, apaixonados pela ideia, capazes de executá-la) e, naturalmente, uma boa ideia!

b) **Ter visão de mercado:** o mercado está preparado para esse produto ou serviço? O deseja e dele necessita? Pode pagar por ele? Irá compreendê-lo e o utilizará com facilidade? Nesse requisito, Jobs foi visionário (soube antecipar as demandas do mercado) e simplificador (ofereceu interfaces amigáveis).

c) **Ter coragem para correr os riscos inerentes ao negócio:** nem todo produto é aceito conforme o esperado. Alguns produtos aparentemente promissores resultaram em fracassos de vendas. É possível perder muito dinheiro e mercado com fórmulas quase infalíveis.

d) **Ter persistência e capacidade de realização:** estudos comprovam o que pode parecer óbvio: quanto maior o tempo investido na solução de um problema e quanto maior a capacidade de tolerar as suas etapas difíceis, maior a probabilidade de solucionar o problema. Pessoas acostumadas ao esforço, a persistir nas dificuldades, a trabalhar muito, a reiniciar tudo o que foi feito, se necessário, acabam acertando![8]

e) **Capacidade de planejamento:** os indivíduos inovadores sabem que para transformar uma boa ideia em um bom produto ou serviço é necessária uma capacidade de planejamento e de organização acima da média. Aproveitamento do tempo e capacidade de estimar custos, de ordenar etapas, de definir prioridades e de calcular prazos são indispensáveis.

f) **Capacidade de colocar o produto no mercado:** ótimas ideias transformadas em produtos ou serviços não chegam a ser conhecidas pelos potenciais clientes simplesmente porque o indivíduo criativo não possui habilidades comerciais. Não sabe vender, não sabe divulgar seu produto, não sabe como chegar a seus consumidores, ou, simplesmente, não gosta de fazer isso. Uma parceria com alguém com perfil comercial resolveria o problema? Sim. O segundo problema é que muitos possíveis parceiros com perfil comercial preferem vender seus próprios produtos e serviços e, assim, aumentar sua margem de lucro.

Um exemplo de mudança interinstitucional

O juiz de Direito Leoberto Brancher comandou diversos projetos de mudança abrangendo uma rede de instituições de proteção à criança e ao adolescente. Entre suas ações mais reconhecidas estão a municipalização do atendimento socioeducativo de adolescentes em conflito com a lei, anteriormente realizado pelo Poder Judiciário estadual, que demandou um esforço de articulação de diversas instituições; e a instauração da Justiça Restaurativa, uma forma humana e pacífica de resolver conflitos através da colocação de vítima e infrator frente a frente. Para obter sucesso em seus projetos, Brancher teve de envolver lideranças dos poderes estadual e municipal; de organizações não governamentais, nacionais e internacionais, ligadas ao movimento pelos direitos da criança e do adolescente; das entidades que abrigam adolescentes em conflito com a lei, que cumprem medidas socioeducativas em meio fechado; dos centros comunitários e associações municipais; das polícias civil e militar; e, naturalmente, do próprio judiciário. De magistrados a empresários e executivos, de gestores de ONGs a servidores públicos de todos os níveis, técnicos e não técnicos, todos foram convidados a se engajar no projeto. As resistências esperadas foram encontradas. Mudanças de valores (como a exclusiva penalização dos infratores), de processos administrativos (como o estabelecimento de sistemas de informações interinstitucionais), na gestão de pessoas (com mudanças nas atribuições dos servidores e em suas rotinas de trabalho) e na integração das diferentes unidades do próprio judiciário foram questionadas, evitadas, dificultadas ou, ao contrário, apoiadas e incentivadas.

Passados vários anos do início do projeto, a justiça restaurativa e o modelo de atendimento socioeducativo a adolescentes em conflito com a lei praticados pela justiça do Rio Grande do Sul são referências nacionais e contam com o apoio de entidades internacionais, tais como Unicef e Unesco, para sua continuidade e desenvolvimento.

Para saber mais sobre o trabalho de Brancher, acesse:

www.justica21.org.br, ou siga juiz Brancher no Facebook.

Vamos ao trabalho: os casos

Caso em uma instituição pública

Mariana trabalha em uma instituição bancária que sofreu uma profunda transformação em sua estratégia. Essa estratégia determinou uma ação mais agressiva por parte das equipes, acostumadas a atender os clientes que as procuravam. Agora, as equipes possuíam metas e deveriam buscar novos clientes, acompanhar a evolução das carteiras e trabalhar com indicadores de desempenho e de resultados.

Mariana foi designada para acompanhar o processo de implantação da estratégia nas pequenas agências do sul do estado de Santa Catarina. O que encontrou nas primeiras visitas foi um cenário desanimador. Funcionários desmotivados, alguns revoltados, intervenção do sindicato nas agências, ameaças de greve. Parecia que ninguém estava disposto a modificar os seus métodos de trabalho, desenvolvidos há anos, sempre da mesma forma, e bastante confortáveis para todos.

1. O que você faria no lugar de Mariana?
2. Quais as causas da resistência dos funcionários?
3. Como lidar com essas resistências?
4. Como lidar com o sindicato e evitar a irrupção de uma greve?

Caso em uma instituição privada

A Empresa Energy Star resolveu concentrar as áreas de apoio na sua matriz, em São Paulo, a fim de aumentar a produtividade, reduzir custos e, principalmente, otimizar e padronizar os processos. Para tanto, contratou Gustavo, um jovem gerente com experiência em duas multinacionais. A missão de Gustavo seria a de visitar as filiais do Rio de Janeiro, Salvador, Manaus e Vitória para compartilhar com os atuais operadores e analistas o projeto de centralização, mapear o estado atual dos processos e construir um sistema de funcionamento para a central.

Em sua primeira visita ao Rio de Janeiro, Gustavo foi muito bem recebido por todos, identificou os processos-chave e obteve dos operadores e analistas todas as informações e as sugestões necessárias para o novo sistema. O gerente informou que os funcionários cujos processos fossem descontinuados poderiam ser aproveitados em outras áreas ou na matriz. O perfil e as intenções de cada colaborador foram identificados, e foram discutidas as possibilidades de carreira para cada integrante do grupo.

O mesmo ocorreu em Vitória. Entretanto, as equipes de Manaus e Salvador tiveram uma reação bem diferente à proposta. Os funcionários de Salvador recusaram-se a fornecer as informações solicitadas e foram evasivos em todas as entrevistas com o gerente, e a equipe de Manaus alegou simplesmente não haver processos identificados e mapeados. A gestão de processos não era uma prática conhecida pelos funcionários da última filial visitada.

1. O que você faria no lugar de Gustavo?
2. Qual a abordagem para cada uma das filiais visitadas?
3. O que você imagina que motivou a reação da equipe de Salvador?
4. O que levou a equipe de Manaus a desconhecer seus próprios processos de trabalho?

Caso em uma pequena empresa

Joel é sócio de uma pequena rede de farmácias. Como o ramo de negócios vem se ampliando, com maior número de concorrentes, a estruturação de grandes redes e a entrada de produtos diversificados, Joel decide que precisa de maior estrutura e profissionalização se quiser crescer e mesmo manter-se no mercado. Para tanto, é contratada uma consultoria externa. Entre diversos pontos, a consultoria sugere que a farmácia deve inovar para acompanhar a concorrência: desenvolver uma linha própria de cosméticos e perfumaria, realizar eventos de promoção da saúde e da beleza, dar descontos para determinados grupos de clientes, criar um programa de fidelidade e, algo nunca tentado pelos concorrentes locais, desenvolver um programa de acompanhamento da saúde dos clientes fiéis.

Rubens, um dos sócios de Joel, achou as ideias interessantes, mas ele próprio, ironicamente, está com problemas de saúde e decidiu que está na hora de se aposentar. Por esse motivo, pretende vender sua participação aos sócios.

Jair, o terceiro sócio, é radicalmente contra a proposta devido ao risco financeiro que ela representa. O investimento é alto, demandaria endividamento da empresa, e Jair acredita que o sucesso seja duvidoso. Alega, ainda, que, no atual porte da rede, a rentabilidade já é suficiente para garantir o sustento dos sócios até a segunda geração.

1. O que você faria no lugar de cada sócio?
2. Como você avalia as propostas apresentadas pela consultoria?

3. Quais os riscos e os benefícios de inovar e de não inovar na rede de farmácias?

4. Se você fosse Joel, como você venceria a resistência dos demais sócios, sobretudo a de Jair?

Caso em uma empresa familiar

Juliana acaba de se formar em administração em uma conceituada faculdade. No seu trabalho de conclusão de curso, desenvolveu um plano de negócios visando diversificar as atividades da empresa da família, comandada pelo pai. O pai e a mãe já haviam sinalizado cansaço com o excesso de trabalho e desejo de ter mais tempo livre para viajar e desfrutar da companhia dos amigos e da família. Juliana, por ser a filha mais velha, foi considerada por todos a sucessora natural do pai. Seus três irmãos não pretendem investir no negócio: o mais jovem gosta de música, o do meio ainda não definiu qual carreira pretende seguir, e o mais velho ingressou na faculdade de Medicina. O campo está aberto para a entrada de uma jovem atualizada, com iniciativa e bastante criativa. Quando Juliana chega à empresa para assumir suas novas responsabilidades, o pai lhe comunica que decidiu passar um período acompanhando suas atividades, a fim de não haver problemas de continuidade e de preservar a cultura empresarial. Além disso, o pai pretende transmitir à filha toda a sua experiência, a fim de que ela não cometa os mesmos erros que ele cometeu no início dos negócios.

Juliana inicia o treinamento e percebe que Alberto, o irmão do meio, também participa da mesma atividade. O pai alega que conhecer os negócios pode ajudar Alberto a definir-se quanto ao seu futuro profissional.

Com o tempo, a jovem também percebe que coisas estranhas estão acontecendo: ela e Alberto estão recebendo as mesmas atribuições e o mesmo nível de responsabilidade; os controles financeiros não foram repassados a nenhum dos dois filhos; o plano de negócios elaborado por Juliana ainda está "engavetado"; e, o mais curioso, o treinamento, que seria de seis meses, já se prolonga por um ano.

1. O que está acontecendo na empresa da família de Juliana?

2. O que você faria se fosse Juliana?

3. Como implementar as mudanças desejadas?

4. Quais as facilidades e quais as dificuldades que Juliana vai enfrentar?

5. Como se posicionar perante o pai e o irmão?

Questões para discussão

1. O que diferencia criatividade de inovação?
2. Quais as características de Steve Jobs que o tornaram um líder inovador?
3. Por que as pessoas podem resistir a um processo de mudança organizacional?
4. Qual o papel do líder nos processos de mudança?
5. Como os seguidores podem enfrentar satisfatoriamente um processo de mudança?

BIBLIOGRAFIA E NOTAS

1. GLADWELL, Malcolm. *Fora de série*: Outliers. Rio de Janeiro: Sextante, 2008.
2. SENNETT, Richard. *A corrosão do caráter:* consequências pessoais do trabalho no novo capitalismo. 7. ed. Rio de Janeiro: Record, 2003.
3. GOLEMANN, Daniel. *Inteligência emocional.* Rio de Janeiro: Objetiva, 1996.
4. ARAÚJO, Luis César G. *Organização, sistemas e métodos e as modernas ferramentas de gestão organizacional.* São Paulo: Atlas, 2001.
5. HERNANDEZ, José Mauro da Costa; CALDAS, Miguel Pinto. *Resistência à mudança:* uma abordagem individual. Artigo apresentado no Enanpad 2000. 15 p.
6. ISAACSON, Walter. *Steve Jobs*. Rio de Janeiro: Companhia das Letras, 2011.
7. EICHENWAKL, Kurt. Microsoft's Lost Decade. *Vanity Fair*, agosto de 2012. Disponível em: http://www.vanityfair.com/business/2012/08/microsoft-lost-mojo-steve-ballmer. Acesso em: 14 fev. 2013.
8. Idem 1.

LEITURAS RECOMENDADAS

COSTA, Silvia Generali; RODRIGUES, Jorge Nascimento; VIEIRA, Leandro. *Gestão da mudança.* São Paulo: Atlas, 2010.

HEATH, Chip; HEATH, Dan. *A guinada* – Maneiras simples de operar grandes transformações. Rio de Janeiro: Best Business, 2010.

KOTLER, Philip; DE BES, Fernando Trias. *A bíblia da inovação.* São Paulo: Lua de Papel, 2011.

SERAFIM, Luiz Eduardo. *O poder da inovação.* São Paulo: Saraiva, 2011.

SITES SUGERIDOS

http://marcogomes.com/blog/
http://heathbrothers.com/

VÍDEOS SUGERIDOS

Criatividade *versus* Inovação – Waldez Ludwig (http://www.youtube.com/watch?v=gDJkbsfT55w&list=PL7CD361422760FC15)

4

Diversidade

> *"... quando te vi frente a frente não vi o teu rosto. Chamei de mau gosto o que vi, de mau gosto, mau gosto... porque Narciso acha feio o que não é espelho"*
>
> Caetano Veloso

Objetivos do capítulo

- Apresentar os principais desafios da gestão da diversidade nas organizações.
- Discutir o papel do gestor nas organizações diversas.
- Apresentar algumas características que compõem a diversidade nas organizações.
- Apresentar elementos essenciais a uma política de gestão que estimule a diversidade.
- Discutir a criação de uma cultura favorável à diversidade.

1 Desabafo de um gestor no planeta *diversus*

Diversidade, diverso, distinto, diferente, divergente. Estranho, estranhamento. O outro me mostrando o que não sou e o que não sei, mas que ele estampa em seu rosto, seu corpo, seu modo de vestir, de falar, de pensar. Tolerar, aceitar, entender, conviver? Negar, fugir, atacar, desacreditar? Só enxergo o outro como ele é se enxergo a mim como sou. O espelho não me reflete, me devolve elementos ocultos, refletidos no outro. É possível que ambos sejamos versões da mesma matéria? Como conviver com o que não entendo? Tenho a pretensão de compreender tudo, de explicar tudo, de saber causa-efeito, custo-benefício, de prever, controlar, explicar e dirigir. Mas como explicar comportamentos tão diferentes dos meus? Como prever o que essas criaturas diversas presentes no universo organizacional poderão vir a fazer? O desconhecido é incontrolável, impossível de ser dirigido. Foge aos padrões e paradigmas queridos, acalentados, conservados ao longo dos anos. O manual não me explica o que fazer com ele. Desconhecidos podem ter atitudes imprevisíveis. Sou pago para prever e para evitar surpresas, para antecipar acontecimentos e dificuldades, mas o diverso torna ilegível para mim o futuro. Perco a capacidade de explicar suas causas, embora procure desesperadamente tipologias, teorias e esquemas que esclareçam seus efeitos. É mais fácil me livrar do desconfortável diferente. Navegar em mares conhecidos, ter padrões válidos a seguir, saber o que vai acontecer. Mas os padrões se diluem no ar. O terno e gravata esconde tatuagens. A blusa gola alta disfarça colares de contas coloridas, sabedora de que só pode expor pérolas discretas. O perfume forte ficou em casa, observando tristemente a solidão da sandália rasteira e do visual neorripongo. Eles se disfarçam, mas, cedo ou tarde, algo aparece. Um brinco na orelha, uma oração na agenda, um retrato *gay*, a ponta do rabo de um dragão tatuado no braço, sugerindo calção e corpo aberto no espaço.

Já disse e repito: sou pago para prever, desenhar, ter visões do futuro. Acabarei descobrindo um *piercing* recém-retirado que a candidata a *trainee* tentou disfarçar com base e pó. Investigo sutilmente as tendências religiosas, sexuais, políticas, os hábitos estranhos, os relacionamentos controversos, as manias, as crenças. Tento decifrar o que a aparência me diz. A cor da pele, o penteado, o modo de falar, o feminino e o masculino. Para isso fui treinado. Para isso fiz MBA e aturei as disciplinas de Gestão de Pessoas. Mas admito minha impotência diante de algo que nem sempre aparece: os pensamentos diversos. A meu ver, aí reside o que há de mais perigoso. Os pensamentos não deixam marcas na pele que só podem ser removidas a *laser*. As ideias não deixam apenas furinhos no nariz que possam ser disfarçados com corretivo facial. Se gênero e etnia são tão óbvios, sentimentos e inclinações podem ser escondidos por longo tempo.

Algo, entretanto, me incomoda acima de tudo. Preciso de talentos diversos na minha organização, de perfis complementares, de divergência criativa. A padronização é ótima para os produtos. Tomadas que encaixam em qualquer aparelho e peças intercambiáveis facilitam minha vida. Mas pessoas iguais são um réquiem à inovação. Os diferentes brigam, se desentendem, não chegam facilmente a um acordo, mas geram o novo. Resultado: mais trabalho para mim. James O'Toole já disse que uma das principais qualidades do líder é encontrar pontos de convergência nas equipes em conflito. Ele disse que Bill Clinton era bom nisso. Não sou Bill Clinton.

2 Os desafios da diversidade

A complexidade tecnológica exige o trabalho de pessoas com perfis complementares. O funcionário criativo pode obter mais sucesso se aliado a um colega realizador, para que ambos consigam pôr em marcha os novos projetos. O gestor de *marketing* inovador precisa do *controller* cauteloso para que suas ideias brilhantes encontrem amparo no caixa da empresa. É preciso que alguém goste de trabalhar concentrado, sem contato com o público, no desenvolvimento de sistemas, mas, também, é preciso alguém agitado, impaciente e comunicativo para as visitas aos clientes externos. A seriedade extrema de uns é compensada pelo bom humor de outros, ao mesmo tempo em que a falta de seriedade de alguns bem-humorados é compensada pela sensatez de alguns muito sérios. Tanto na área técnica quanto na comportamental, não se faz uma empresa vencedora somente com pessoas parecidas.

Mas o bônus traz o ônus. Estudos demonstram que gerenciar equipes diversas não é nada fácil. O consenso é mais demorado, os ânimos podem se acirrar e as resistências à mudança podem recrudescer. É muito mais difícil trabalhar com o oposto, com as ideias contrárias, com pontos de vista divergentes, com o desconhecido. É trabalhoso. Força-nos a sair do ponto morto e a revisar nossos próprios conceitos. Obriga-nos a tentar entender um ponto de vista diferente, a colocar-nos no lugar do outro, a conviver com o que não gostamos ou não aceitamos ou não entendemos. É, em suma, um exercício de flexibilidade, tolerância, aceitação e respeito.

3 O papel do gestor nas organizações diversas

Sabendo da necessidade de construir equipes com pessoas de perfis diferentes e complementares, o gestor deve promover a diversidade. Mais do que isso, deve criar um ambiente favorável à aceitação da diversidade. **O gestor deve desenvolver práticas, mecanismos e políticas que permitam o aproveitamento das enormes vantagens competitivas que a diversidade oferece**: massa crítica, análise de questões sob diferentes ângulos, conhecimentos complementares, construção de um ambiente social mais tolerante e desenvolvimento da flexibilidade e empatia entre as equipes.

A promoção da diversidade nas organizações não é um fato isolado. A sociedade contemporânea, cansada de conflitos étnicos, religiosos e homofóbicos, clama por uma cultura de tolerância e respeito às diferenças individuais. A sociedade civil se organiza, principalmente em torno de grupos minoritários, para diminuir preconceitos e atitudes discriminatórias dentro e fora do ambiente de trabalho. As empresas não têm como ficar imunes a esses movimentos sociais.

Os clientes externos da maioria das organizações, se não de todas, também são diversos e começam a recusar negócios com empresas não tolerantes à diversidade. A customização de produtos é um indício da percepção das empresas de que seus clientes são diferentes e, por isso, buscam produtos que atendam especificamente às suas necessidades.

Os colaboradores de uma empresa também são clientes e querem ser respeitados nas duas condições: na de cliente externo, encontrando produtos adequados aos seus costumes, hábitos e necessidades; na condição de cliente interno, encontrando um ambiente de trabalho no qual possam manifestar sua individualidade e perceber aceitação.

Em termos psicológicos, esconder de si mesmo e dos demais a sua identidade, suas preferências, seu modo de ser, exige um dispêndio enorme de energia psíquica, que é desviada das atividades intelectuais e esgota os relacionamentos saudáveis. Além disso, não poder expressar sua individualidade gera no indivíduo conflitos intensos que podem se manifestar de diferentes formas, desde as doenças psicossomáticas até o desenvolvimento de quadros de estresse.

O gestor que promove a diversidade deve, acima de tudo, criar um ambiente que permita a livre expressão da individualidade, o respeito e compreensão pelas diferenças e o desenvolvimento de talentos distintos.

4 O que é e o que pode vir a ser a diversidade na sua organização

Quando se fala em diversidade, muitas pessoas associam o termo às minorias: mulheres, negros, homossexuais. Entretanto, o conceito é bem mais amplo e complexo. Trata de muitos tipos de diferença. Aqui vamos descrever apenas algumas das diferenças potencialmente geradoras de conflitos e de preconceitos, mas também de criatividade e inovação nas organizações.

- **Gênero:** vários estudos indicam um histórico de discriminação às mulheres no ambiente de trabalho. Entre os problemas mais comuns encontram-se: salários mais baixos dos que os recebidos pelos homens que desempenham as mesmas atividades; o chamado "teto de vidro", uma barreira invisível (não explicitada) à ascensão feminina; o reduzido número de mulheres em quadros de liderança;

e a maior incidência de assédio sexual e de assédio moral entre mulheres. Tais dificuldades são atribuídas a uma cultura patriarcal, na qual o poder de mando é do homem, e que ainda prevalece em sociedades arcaicas de algumas regiões da África, do Oriente Médio, e mesmo no interior do Nordeste brasileiro. Entretanto, esse quadro está mudando rapidamente. Por diversos motivos, as mulheres estão ascendendo aos quadros gerenciais e ocupando cada vez mais espaço no serviço público, nas universidades e em diversos setores da iniciativa privada. **Com alto grau de escolaridade e como chefes de família, as mulheres estão ocupando espaços antes exclusivos de homens, como a magistratura e a polícia.** Essa verdadeira ocupação feminina está modificando a forma de liderar, de fazer negócios, de estruturar o mundo de trabalho, e afetando profundamente as políticas e ações de gestão de pessoas. As mulheres necessitam de horários flexíveis e de benefícios que as apoiem nos cuidados com os filhos, como creches, assistência médica, entre outros. Em troca, tendem a emprestar ao ambiente de trabalho um clima de maior sensibilidade para com o outro e abertura ao intercâmbio de ideias.

- **Etnia:** cada país enfrenta problemas étnicos diferentes. Na França, na Itália e na Alemanha, por exemplo, o ingresso de imigrantes de várias regiões do mundo em um momento de recessão econômica criou uma barreira de não aceitação daqueles que "vêm tomar nossos empregos". Nos Estados Unidos ocorre a não aceitação de imigrantes hispânicos. No Brasil, o fluxo de imigração de paraguaios, bolivianos, haitianos, entre outros, é bem mais recente, e seu aumento está associado ao desenvolvimento econômico brasileiro da última década. Muitos executivos portugueses, italianos e espanhóis têm buscado o mercado de trabalho brasileiro, na tentativa de escapar das altas taxas de desemprego em seus países de origem. Até o momento, tais fluxos migratórios não geraram conflitos significativos, mas, a continuar a tendência crescente de trabalhadores estrangeiros, e caso o Brasil não consiga manter baixo o índice de desemprego, há potenciais conflitos no horizonte. No caso brasileiro, há que se considerar, mais do que conflitos étnicos basicamente associados a fatores econômicos, os conflitos étnicos gerados por fatores históricos e culturais. Há estudos que comprovam a discriminação dos negros no mercado de trabalho, em termos salariais, de acesso às melhores oportunidades e de ascensão profissional. É possível encontrar explicações históricas para o fenômeno, haja vista que a chegada dos negros ao Brasil não se deu por um processo migratório voluntário, mas pela escravidão. Da mesma forma, a libertação dos escravos não se deu por uma conscientização dos direitos dos africanos em terras brasileiras, mas por motivos econômicos e políticos. Esses antecedentes históricos fizeram com que a população negra no Brasil tivesse menor acesso a educação, moradia digna, saúde e alimentação adequada, o que relegou grandes contingentes de negros a ocupações desgastantes e mal remuneradas. Essa situação, entretanto, a exemplo da situação das mulheres, vem se modificando, basicamente com o acesso dos negros à educação e sua participação no mercado empreendedor e no serviço público. **Está se consolidando uma classe média negra** como um importante mercado consumidor, pouco disposto a consumir produtos de empresas que discriminam os afrodescendentes. Cabe ressaltar que o caso brasileiro é alvo de controvérsias. Questiona-se se a discriminação contra os negros no mercado de trabalho é somente econômica ou se está arraigada na cultura brasileira, o que torna mais difícil uma mudança significativa e profunda de paradigmas. O que não se ignora mais, neste momento histórico que o Brasil atravessa, é a extensa contribuição cultural e genética do negro na constituição do perfil e da cultura brasileira. As empresas não podem ignorar esse fato.

- **Orientação sexual:** já se foi o tempo em que a orientação sexual se dividia em duas possibilidades claras e distintas – ou o indivíduo era homossexual ou era heterossexual. E se fosse homossexual, essa informação jamais deveria vazar dentro do ambiente profissional, sob o risco de comprometer sua carreira. Hoje, diversos estudos apontam para um *continuum* no que se refere à sexualidade humana, que desmistifica a visão hétero-homo como únicas possibilidades de expressão. Da mesma forma, há sinais de que as organizações começam a incorporar, impulsionadas por movimentos sociais e de direitos humanos, a ideia de que a sexualidade faz parte da identidade do indivíduo e que não poder assumi-la publicamente pode trazer sérios prejuízos à motivação no trabalho, ao relacionamento com os colegas e superiores e ao desenvolvimento de potencial. São conhecidos os casos de homossexuais que se apresentam em festas da empresa acompanhados de amigas que aceitam fazer o papel de namoradas e, assim, dirimir quaisquer dúvidas sobre a heterossexualidade do colaborador. Há casos, ainda, relatados na literatura administrativa, de mulheres que fingem ser lésbicas em um ambiente de trabalho predominantemente masculino, para escaparem de situações de assédio sexual. Há ainda os que se aproveitam da postura politicamente correta que as empresas se veem obrigadas a assumir e se fingem de *gays* para garantir seu emprego (a empresa não pode sequer sugerir que está discriminando um funcionário homossexual). O filme *O Closet*, uma comédia francesa de Francis Veber, de 2001, retrata bem essa situação, com um humor impecável. **Não basta para as empresas se mostrarem politicamente corretas. Elas devem ser politicamente corretas.** Elas devem aceitar a diversidade e desenvolver uma cultura que permita sua aceitação. Os funcionários que assumem integralmente sua própria identidade possuem mais chances de conseguir integrar-se com os colegas e dedicar-se livremente ao trabalho. A energia despendida e o estresse gerado por guardar um grande segredo, pelo receio de ser descoberto, chantageado, por criar formas de provar que se é o que não se é, por não deixar escapar qualquer atitude suspeita, qualquer comentário duvidoso, qualquer comportamento que o identifique, levam o indivíduo a um estado de constante alerta e tensão, negativo para pessoas e organizações.

- **Pessoas com deficiência:** a legislação brasileira obriga as empresas, a partir de um determinado porte, a contratar pessoas com deficiência. Nos concursos públicos, há regularmente uma quota de vagas reservadas para essas pessoas.

O objetivo da criação de leis dessa natureza é, a princípio, proteger os direitos das pessoas com deficiência, garantindo seu acesso ao emprego e à renda. Entretanto, como em muitas leis bem-intencionadas, sua aplicação apresenta dificuldades. Diversas empresas e órgãos públicos apresentam problemas quanto à acessibilidade de cadeirantes, por exemplo. Ausência de rampas de acesso, de elevadores e de corrimãos nas escadas pode impedir que algumas PCDs trabalhem nessas organizações. Outro problema está na qualificação. Algumas empresas só oferecem posições para profissionais altamente qualificados e mal conseguem ocupá-las com pessoas sem deficiência. Já se sabe de várias empresas recorrendo a profissionais estrangeiros para preencher posições nas indústrias de alta tecnologia. Um terceiro problema parece ser o inverso: vagas oferecidas para profissionais com pouca qualificação geralmente não atraem PCDs em função dos baixos salários, que competem com os auxílios governamentais para pessoas com problemas de saúde. Além das questões de ingresso, há a necessidade de políticas de gestão que estimulem a permanência de PCDs, com o estímulo a uma cultura de diversidade, oportunidades de ascensão a partir das qualidades específicas de cada colaborador e programas de treinamento que facilitem a integração entre funcionários com e sem deficiências. O ensino de libras é um exemplo desses programas.

- **Religião e espiritualidade:** cada religião tem suas regras e cada seguidor tem sua percepção do quanto essas regras são flexíveis ou não. A questão não é saber a que religião o candidato a um cargo pertence, mas enfatizar suas futuras demandas profissionais. O candidato poderá trabalhar aos finais de semana se assim for exigido? Poderá usar o uniforme da empresa se necessário? Mesmo que esse uniforme seja composto de calças e que a maquiagem seja vista como um complemento necessário ao traje de trabalho? Há algum evento religioso periódico que exigirá o afastamento do funcionário do trabalho (jejuns, retiros, encontros etc.)? Essas são questões práticas que ajudarão candidato e recrutador a decidir qual o melhor posto de trabalho a ser ocupado na empresa por uma determinada pessoa. Entretanto, há pessoas que temem que a religiosidade vá além das obrigações práticas. Há relatos de funcionários que tentaram de forma insistente converter os colegas a sua religião, a tal ponto que geraram um ambiente constrangedor. Outros ameaçaram seus desafetos com rezas e trabalhos espirituais destinados a prejudicar colegas. Nesse caso, não é a opção religiosa o problema, mas a atitude inadequada do fiel perante os demais.

- **Idade:** já falamos um pouco sobre as diferenças entre as gerações Y e X. Falar em diversidade de idade é bem mais do que isso. **O aumento da expectativa e da qualidade de vida faz com que tenhamos que revisar nosso conceito de idoso, de meia-idade e de jovem.** A permanência dos jovens na casa dos pais – por motivos econômicos, sociais e culturais – até os 30 anos nos obriga a revisar o conceito de adolescência. A necessidade dos jovens de camadas economicamente menos favorecidas da população de trabalhar desde muito cedo e de cuidar dos irmãos menores nos leva a repensar o conceito de maturidade. Não há mais parâmetros muito claros que definam a relação perfil-comportamento-idade. É preciso conhecer cada caso e despir-se de preconceitos. Nem pense em achar que aquele jovem estagiário é irresponsável somente porque ainda é quase um adolescente. Também esqueça de decidir que aquele senhor grisalho de 60 anos não tem mais nada para aprender. Quanto aos jovens, o fato de procurarem conciliar, de forma mais adequada que os seus pais o fizeram, as necessidades familiares, esportivas, de lazer e profissionais, não indica – de forma alguma – que não sejam capazes de dar conta de todos esses recados.

A riqueza da diversidade de idades na organização é a troca. Os mais velhos viveram experiências, viram coisas e conhecem fatos sobre a história da empresa e do mundo que os jovens não puderam conhecer e viver. Os jovens possuem uma facilidade de atualização tecnológica que muitas vezes escapa aos mais velhos. Dinamismo e energia de um lado com experiência e maturidade de outro geram excelentes combinações.

- **Formação acadêmica e cargos ocupados: as clássicas piadas sobre as profissões nos dão uma ideia de que existem estereótipos muito bem consolidados em relação aos cursos de graduação de origem dos funcionários.** Ao psicólogo se diz que não sabe fazer contas, ao engenheiro, que não sabe escrever. Às mulheres, se pergunta se fizeram uma escolha entre serem engenheiras ou serem bonitas, e dos arquitetos se diz que são decoradores frustrados. Da mesma forma, espera-se que o gerente de um banco seja insensível, que as assistentes sociais sejam religiosas, os escritores, avoados e os policiais, violentos. Ah! Todo professor deve usar óculos! É claro que existem fatos e evidências que apontam nessa direção. O engenheiro estudará, durante sua formação acadêmica, muito mais matemática do que um psicólogo e terá uma carga de redação e de leitura muito menor do que este. Um arquiteto terá maior direcionamento para os aspectos estéticos de uma obra, ao passo que o engenheiro poderá ter sua atenção voltada para a redução de custos e a funcionalidade. O gerente de banco não pode passar o dia penalizado com aqueles que não conseguem pagar empréstimos, as mazelas sociais a que estão expostas as assistentes sociais podem levá-las a buscar uma explicação divina, e a violência diária a que os policiais estão expostos deve, obrigatoriamente, despertar seus instintos de defesa e sobrevivência. Entretanto, em termos de seres humanos, não há generalização possível, somente possibilidades e ambientes mais ou menos favoráveis ao desenvolvimento de determinados tipos de conhecimentos, habilidades e atitudes (lembram dos CHAs, das competências?). Claro que **podemos pensar que a escolha da carreira já se deve a determinadas inclinações cognitivas e psicológicas, mas as oportunidades e o estímulo ambiental também têm um peso importante nessas escolhas.** Podemos encontrar músicos trabalhando em instituições bancárias porque o mercado de trabalho para músicos é limitado e nem sempre bem remunerado. Podemos encontrar administradores ou engenheiros que preferiam estar prestando serviço humanitário em regiões assoladas por desastres naturais, mas que têm obrigações familiares que os impedem de seguir tal vocação. Da mesma forma temos assistentes sociais que descobriram, somente em contato direto com o trabalho, que não têm vocação para lidar com o sofrimento e a pobreza. Outra questão que penso deva pertencer definitivamente ao passado é a dicotomia teoria-prática. Ou o profissional era considerado um bom acadêmico, sonhador e, portanto, distanciado das questões práticas das organizações, ou era um hábil gestor sem a menor afinidade com os estudos. Esqueça isso e estude! A teoria ajuda na prática e a prática faz rever algumas teorias.

- **Experiência anterior:** se o candidato a uma vaga em empresas privadas possui experiência anterior na gestão pública, pode vir a enfrentar dois tipos de reação diferentes. A primeira é a ideia negativa preconcebida a respeito de servidores públicos, de que não querem trabalhar duro, não aceitam desafios e são resistentes à mudança. A segunda ideia preconcebida é positiva e trata de pensar o servidor que abandona a estabilidade de uma carreira pública como um indivíduo verdadeiramente empreendedor e que tem gosto por assumir riscos. De outro lado, o candidato aprovado em concurso público, egresso da iniciativa privada, também pode ser recebido com duas visões diferentes e preconcebidas – a de que tem um ritmo dinâmico e mais iniciativa do que os futuros colegas ou, ao contrário, a de que não entende nada da realidade do serviço público, absolutamente distinta da realidade do serviço privado. Qualquer ideia estabelecida *a priori* sobre alguém, baseada em suposto conhecimento de seu grupo social ou profissional de origem, tem grande possibilidade de mostrar-se equivocada. Um funcionário da iniciativa privada pode buscar o serviço público justamente esperando trabalhar em um ritmo menos intenso. O servidor público pode buscar a iniciativa privada porque está entediado com um trabalho monótono. De qualquer forma, sejam funcionários de empresas privadas ou servidores públicos, é impossível estabelecer uma generalização. Reforça esse argumento o fato de que a gestão pública vem se aproximando, em muitos aspectos, da gestão privada, com o uso de ferramentas gerenciais inovadoras e controle austero de caixa. Assim, o servidor experiente pode vir a ser cobiçado para a gestão privada por conseguir lidar com a escassez de recursos e obter resultados satisfatórios. Sabe-se que o gestor público não pode, salvo raras exceções, escolher a composição de sua equipe. Muitas características de personalidade não são avaliadas nos concursos, que privilegiam a avaliação de conhecimentos e habilidades práticas. Logo, a equipe é designada ao gestor público, e não selecionada por ele, tanto em termos de quantidade (o número de postos de trabalho não é decidido pelo gestor direto) quanto em termos de perfil (características de personalidade, potencial etc.). Além disso, o gestor público geralmente conta com um orçamento restrito e instalações e equipamentos que deixam a desejar em termos de funcionalidade e atualização tecnológica. Ou seja, ele deve fazer mais com menos, o que é a mais pura noção de produtividade. Já o gestor privado pode aproveitar sua experiência em ambientes dinâmicos e sua experiência em prever e planejar cenários, além de sua habilidade em articular diferentes parceiros, para acelerar a modernização da gestão pública. A visão de diferentes instituições, produtos, serviços, culturas e equipes, que o gestor privado costuma adquirir ao longo de sua carreira, pode trazer uma visão diferenciada e inovadora para antigos problemas, que passam despercebidos aos servidores imersos na mesma cultura há longa data.

- **Orientação política e valores pessoais:** este talvez seja o tópico mais delicado no que se refere à diversidade. **A formação de uma cultura organizacional sólida, que apoie os objetivos organizacionais, inclui uma adesão aos valores da empresa.** É necessário um equilíbrio entre estimular pensamentos diferentes (em relação aos métodos de trabalho, aos objetivos, ao desenho de processos) e manter os valores coesos (crenças mais profundas, aquilo que permanece inalterado ao longo dos anos). Será muito difícil para um jovem gestor marxista administrar os conflitos entre empresa e equipes, uma vez que esse indivíduo parte do princípio de que capital e trabalhadores estão de lados opostos e que o conflito de classes é inerente à existência das organizações produtivas. Um pacifista não poderá trabalhar bem em uma indústria bélica, assim como um ambientalista não conseguirá adaptar-se a uma empresa que não seja ambientalmente responsável. O indivíduo preocupado com a saúde não deverá pertencer aos quadros de empresas da cadeia fumageira. O socialista não alcançará uma gerência em uma empresa que tem por valor básico a doutrina liberal. Um gestor assumidamente preconceituoso não é a melhor escolha para uma empresa que valoriza a diversidade.

5 Preconceitos

Os preconceitos representam um processo de economia psíquica diante da diversidade. Pode ser muito duro conhecer cada indivíduo que cruza nosso caminho organizacional e verificar o quão diferente é seu modo de pensar em relação ao meu. Constatar que é possível ver as coisas de outro ângulo me faz ter de repensar meus pontos de vista. Quanto mais arraigados, consolidados e antigos esses pontos de vista, mais difícil será revê-los. Afinal, deixar de lado tudo aquilo em que se acreditou é aceitar que passamos muito tempo equivocados em questões importantes. Esse processo é doloroso.

Analisar individualidades também toma tempo e energia. É mais fácil agrupar as pessoas por categorias e descrever apenas as categorias. Associo as pessoas e suas características a cada grupo e o trabalho está feito. Usa óculos? É intelectual. É obeso? É engraçado. Assim nascem os preconceitos. É claro que não vou mudar minhas crenças e minha maneira de ver o mundo cada vez que encontro alguém com um argumento ou opinião diferentes do meu. Eu seria uma "Maria vai com as outras". Mas negar-se a analisar a individualidade do outro, a enxergar o outro como ele é, independentemente dos grupos a que pertença, é prejudicial às relações humanas e ilusório. Conhecer o outro e vê-lo como é, com suas contradições, idiossincrasias e belezas, é trabalhoso, mas necessário e enriquecedor.

6 Políticas de gestão que estimulem e valorizem a diversidade

Cabe à alta administração, geralmente com forte apoio das áreas de gestão de pessoas e de comunicação, estabelecer, difundir, discutir e fazer valer políticas de gestão que permitam e valorizem a diversidade. Escrever políticas é fácil, difícil é fazê-las funcionar e entranhá-las na cultura organizacional. Para tanto, é preciso estabelecer de imediato ações e métodos de controle e de avaliação associados a cada política.

Queremos ampliar a participação de afrodescendentes nos cargos de liderança? Bem, precisamos verificar quantos indivíduos se encontram atualmente nessa condição, quantos e quais poderão vir a assumir um cargo gerencial em futuro próximo, quais as ações necessárias de treinamento e desenvolvimento para que isso aconteça.

Também é necessário estabelecer em que prazo e em que percentual desejamos o aumento da participação dos afrodescendentes na equipe de gestores. Vinte por cento em três anos? Se não dispomos de talentos negros em nossos quadros, como vamos recrutá-los? E se já dispomos, como vamos retê-los? Como vem sendo a aceitação dos demais integrantes da equipe? Quais as causas que levaram essa população a estar em minoria nos cargos gerenciais de nossa empresa? É preciso divulgar essa meta, solicitar indicações, realizar seminários e discutir a política e sua importância. O critério exclusivamente meritocrático será abalado com essa política? Aceitaremos indivíduos com qualificação menor, desde que possamos atingir nossa meta? Como faremos para atrair os trabalhadores negros talentosos, provavelmente já bem colocados em outras organizações? O que a nossa empresa vai oferecer a eles de mais atrativo para que abandonem seus atuais empregos e venham trabalhar conosco? Há afrodescendentes na equipe de liderados? Há diferenças nas relações entre chefias e subordinados de diferentes etnias? São perguntas que o gestor deve estar preparado para responder ao implantar uma política de diversidade.

Além do incentivo à diversidade, a empresa que se estabelece como favorável à diversidade deve prever punições aos casos de discriminação no ambiente de trabalho, tanto para fazer valer sua política interna como para estar de acordo com a legislação brasileira.

Os canais de comunicação para os casos de discriminação devem ser previamente definidos, e é imprescindível que todos os funcionários tenham a possibilidade de recorrer a alguém que não seja seu superior direto.

Treinamentos técnicos e comportamentais frequentes, atividades de integração e reforço da cultura organizacional pelos seus principais representantes, que devem servir de modelo às políticas de diversidade, são necessários para a consolidação de políticas a favor da diversidade. Para tanto, o time de gestores deve refletir a pretendida diversidade em sua composição.

Um exemplo de criação de uma cultura favorável à diversidade

Gerson Winkler é formado em Administração. Foi um dos fundadores do Gapa – Grupo de Apoio e Prevenção à AIDS – em Porto Alegre, logo que o vírus HIV começou a tornar-se conhecido e que os cientistas identificaram formas de prevenção à doença.

No seu dia a dia no Gapa, Gerson percebeu que a prevenção da doença ia muito além da informação técnica, mas lidava com preconceitos, diferenças e barreiras culturais. Nesse sentido, compreendeu que o ambiente de trabalho é local estratégico para se discutir a promoção e prevenção em saúde, cidadania e direitos humanos.

Ele defende a diversidade de forma mais ampla, incluindo a inserção de pessoas homossexuais no ambiente de trabalho, sem que sejam discriminadas, nem na contratação, nem nas oportunidades de promoção, nem no ambiente organizacional.

Atualmente Gerson atua na Secretaria Municipal de Saúde de Porto Alegre e continua promovendo oportunidades, técnicas e eventos para a prevenção de DSTs (doenças sexualmente transmissíveis) no ambiente organizacional, procurando envolver as organizações no desenvolvimento de políticas de inclusão de minorias.

Para saber mais, acesse:
www.aids.gov.br
www.direitoshumanos.gov.br

Vamos ao trabalho: os casos

Caso em uma instituição pública

Você é o gestor de uma instituição pública e está muito satisfeito porque, após anos sem contratações, um concurso veio suprir a enorme defasagem de pessoal em seus quadros. Para a sua área, foram designados em torno de dez novos servidores, todos com curso superior e submetidos a duros testes de conhecimentos gerais e específicos. Você não tem a menor dúvida de que encontrou servidores capacitados e preparados. O que você não pensou, entretanto, tornou-se uma realidade. Sua nova equipe não parece ter a menor coerência ou padrão. Roberta trabalhou muito tempo na iniciativa privada, em uma empresa de cultura conservadora, e é reticente a modismos e novidades. Logo no primeiro dia demonstrou estar horrorizada com Elvis, o mais jovem da equipe, um rapaz com a pele coberta de tatuagens e *piercings* por todos os lados. Andreia pertence a um grupo religioso que proíbe a seus membros o uso de maquiagem, de saias e cabelos curtos e de calças compridas, além de vetar a dança e o consumo de bebidas alcoólicas e de cigarros. Andreia arregalou os olhos quando Mário, outro novo membro da equipe, propôs um churrasco de integração regado a cerveja e animado por pagodes. Miriam, com seu visual "periguete", imediatamente virou motivo de chacotas. José, um afrodescendente formado em contabilidade, teve de ouvir piadinhas de cunho racista durante toda a jornada de integração e pareceu não ter gostado nada disso. Para completar, Maira, uma jovem de notável beleza, começou a ser assediada por Osvaldo, um típico machão com atitudes sexistas. Os antigos servidores não se mostraram nada receptivos aos recém-chegados, alegando que "essa meninada não entende nada disso aqui". De seu lado, a "meninada" logo apelidou o grupo de servidores mais antigos de "grupo da melhor idade".

1. O que você faria se fosse o gestor dessa equipe?
2. Como integrar os membros da nova equipe?
3. Como integrar os membros da nova equipe à equipe antiga?
4. Quais seriam suas prioridades?

Caso em uma instituição privada

Ana Maria é gestora de pessoas em uma multinacional. Recentemente, ela contratou Joel, um executivo de vendas, para fazer parte da equipe. Joel participou de diversas etapas do processo seletivo e foi aprovado em todas elas por seu evidente talento comercial, sua fluência verbal, habilidade numérica e domínio de línguas estrangeiras. Joel apresentou-se sempre de forma discreta, amigável e respeitosa. Entretanto, há cerca de 15 dias, os demais colaboradores da área comercial começaram a perceber em Joel certos trejeitos que logo viraram motivo de piadas. Os colegas passaram, então, a lhe perguntar sobre sua namorada, esposa ou qualquer evidência de companhia feminina, na tentativa de descobrir se Joel é ou não é *gay*. Joel não reclamou de nada, finge não perceber as investidas dos colegas e continua desempenhando seu trabalho de forma competente e produtiva.

1. O que você faria se fosse Ana Maria?
2. O que você faria se fosse Joel e fosse, de fato, *gay*? Sairia do armário ou ocultaria sua condição?
3. O que você faria se fosse Joel e não fosse, de fato, *gay*?
4. Qual a razão das atitudes dos colegas de Joel?
5. O que o gestor de pessoas deve fazer em relação ao caso?

Caso em uma pequena empresa

A Cantina Bella Polenta é um pequeno restaurante que há 30 anos vem sendo administrado por um grupo de amigos, todos descendentes de italianos, provenientes de uma região de imigração exclusivamente italiana. Os gestores não pretendem expandir o negócio a fim de manter o caráter artesanal dos produtos e sua reputação de extremo cuidado na preparação dos alimentos e atendimento pessoal aos clientes. Tudo ia bem, até que um dos sócios sofreu um terrível acidente de trânsito que o afastou permanentemente da condução dos negócios. Nomes de amigos e parentes de origem italiana começaram a ser cogitados, mas a próxima geração encontrava-se estudando na capital e ainda não havia ninguém disposto a assumir os negócios. Da geração mais velha, muitos estavam aposentados ou com problemas de saúde. Da geração atual, todos os interessados e capazes já estavam atuando no negócio. Eis que Gemma, uma das sócias, tem uma ideia: "Que tal contratar Germano, o marido de Elvira, para entrar na sociedade? Ele é formado em Administração e Hotelaria e atualmente trabalha na área de gastronomia de um hotel-butique na região turística de colonização alemã no centro do país." Os sócios se entreolham. Germano é de origem alemã, costuma almoçar chucrutes e não *capeletti*, e não nasceu na região povoada de descendentes de italianos.

1. Poderia Germano adaptar-se ao grupo de italianos?
2. Poderia o grupo de italianos aceitar Germano?
3. Quais as vantagens e desvantagens da entrada de Germano para a administração da cantina?
4. Quais as opções para a administração da cantina, caso o grupo resolva não contratar Germano?

Caso em uma empresa familiar

A empresa de móveis de escritório da família Gonçalves cresceu muito nos últimos anos. O segmento vem ganhando espaço no mercado graças ao consumo dos produtos para *home-offices* e modernas estações de trabalho. O fundador, Emílio Gonçalves, até então contava somente com membros da família em sua equipe. Agora ele percebe que não há familiares preparados ou com idade suficiente para dar suporte ao crescimento do negócio. É preciso contratar alguém de fora da família. Após um extenso processo seletivo comandado por uma consultoria de renome, a empresa dos Gonçalves contrata Henrique, um jovem com formação em Engenharia e MBA em uma universidade norte-americana reconhecida pela sua excelência e pela ênfase em finanças. Logo que inicia suas atividades, Henrique propõe uma série de inovações e de medidas de aumento da produtividade. Algumas ações incluem a demissão de funcionários antigos pouco qualificados e a contratação de um time mais competitivo. Emílio não está gostando nada da história. Ele pensa que Henrique não está valorizando a cultura e os valores da empresa e que é sempre do contra nas reuniões. "Por que esse sujeito sempre quer fazer as coisas de forma diferente? Será que ele não pode se esforçar nem um pouquinho para ser mais parecido com o jeito da nossa família?", pergunta-se Emílio, referindo-se ao executivo recém-contratado.

1. O que você faria no lugar de Emílio?
2. A contratação de Henrique teria sido um erro?
3. Como você alavancaria o desenvolvimento da empresa, sem criar conflitos com a diversidade?
4. O que você faria no lugar de Henrique a fim de garantir seu bom desempenho sem colocar seu emprego em risco?
5. Qual você pensa que deva ser a atitude dos demais membros da família?

Questões para discussão

1. Quais as vantagens e quais as desvantagens de se contratar um time diverso?
2. O que o gestor pode fazer para incentivar e apoiar a existência da diversidade na empresa?
3. O que são políticas de diversidade?
4. Como você implantaria políticas de diversidade na sua organização?
5. Por que é necessário um time diverso no desenvolvimento de produtos e serviços complexos?
6. De que forma a diversidade contribui para a inovação?
7. Por que a diversidade pode gerar resistência?
8. Você sabe a diferença entre preconceito e discriminação?
9. Existe alguma pessoa que não tenha nenhum tipo de preconceito?
10. Os comportamentos discriminatórios devem ser punidos pelas organizações?

BIBLIOGRAFIA E NOTAS

COSTA, Silvia Generali; FERREIRA, Carolina da Silva. *Diversidade e minorias nos estudos organizacionais brasileiros*: presença e lacunas na última década. Artigo apresentado no EnEO 2005.

GALEÃO-SILVA, Luis Guilherme; ALVES, Mário Aquino. Crítica ao conceito de diversidade nas organizações. In: II ENCONTRO DE ESTUDOS ORGANIZACIONAIS, Recife, 2002.

HANASHIRO, Darcy Mitiko Mori; GODOY, Arilda Schmidt; CARVALHO, Sueli Galego. Estudos em diversidade: reflexões teóricas e evidências práticas. In: III ENCONTRO DE ESTUDOS ORGANIZACIONAIS, 2004.

HANASHIRO, Darcy Mitiko Mori; QUEIROZ, Ricardo Campelo. O efeito da diversidade no desempenho dos times de trabalho: um *trade-off* entre homogeneidade e heterogeneidade? In: XXIX ENANPAD, Brasília, set. 2005.

MENDES, Rodrigo Hübner. Desmistificando os impactos da diversidade no desempenho das organizações: um olhar crítico sobre as referências atualmente feitas à diversidade cultural como fonte de vantagem competitiva empresarial. In: III ENCONTRO DE ESTUDOS ORGANIZACIONAIS, São Paulo, 6 a 8 de junho de 2004.

NKOMO, Stella M.; COX JR., Taylor. Diversidade e identidade nas organizações. *Handbook* de estudos organizacionais. In: CLEGG, Stewart R.; HARDY, Cynthia; NORD, Walter R.; CALDAS, Miguel; FACHIN, Roberto; FISCER, Tânia. *Handbook de estudos organizacionais*: modelos de análise novas questões organizacionais. v. 1. São Paulo: Atlas, 1999.

ROMERO, Sônia Mara Thater. *Gestão da diversidade de gênero nas organizações*: estudo de casos múltiplos sobre homens e mulheres iguais nas desigualdades. Porto Alegre: EDIPUCRS, 2009.

LEITURAS RECOMENDADAS

Ah, Moleque!, *Você S/A* (http://vocesa.abril.com.br/desenvolva-sua-carreira/materia/ah-moleque-609317.shtml)

Como as Empresas Podem (e Devem) Valorizar a Diversidade – Instituto Ethos (http://www.ethos.org.br/_Uniethos/Documents/manual_diversidade.pdf)

SITES SUGERIDOS

http://www3.ethos.org.br/
http://correionago.ning.com
www.institutoiris.org.br

VÍDEOS SUGERIDOS

Relacionamento de Gerações no Local de Trabalho, *Jornal da Globo* (http://www.youtube.com/watch?v=3TkWbHWQmoc)

2 A criação e a consolidação de uma cultura

Os fatores a seguir são descritos na literatura administrativa como responsáveis pela criação e consolidação da cultura organizacional.

- **Traços e valores: Uma cultura organizacional geralmente se inicia a partir dos traços e dos valores dos donos.** Estilo de liderança, agilidade na tomada de decisão, centralização ou descentralização de comando, maior ou menor apego a normas e regulamentos, importância dada à hierarquia e à disciplina, todos esses fatores podem ser associados ao caráter do pessoal na linha de comando.

- **Ambiente cultural de origem:** Influência na qual os fundadores se viram inseridos desde sua infância. Empresas fundadas por imigrantes italianos, chineses, alemães, norte-americanos ou japoneses tendem a apresentar traços culturais distintos, compatíveis com suas culturas nacionais de origem. Mesmo dentro do mesmo país, é possível identificar traços culturais diferentes ao negociarmos com empresários gaúchos, paulistas ou pernambucanos.

- **Produto, serviço ou negócio:** Os produtos de alta tecnologia exigem uma cultura mais competitiva, dinâmica e flexível. A produção em massa pode suportar uma cultura de trabalho duro e estabilidade. O serviço público tem convivido com culturas mais burocráticas e mecanicistas, muito embora essa realidade esteja se transformando. A iniciativa privada pode trabalhar com estruturas mais orgânicas. Os pequenos negócios costumam ser, até certo ponto, centralizados e quase amadores. As grandes corporações devem ser descentralizadas e profissionalizadas. As empresas familiares mantêm forte influência do fundador, as empresas comandadas por acionistas são absolutamente distintas.

- **Políticas de gestão de pessoas:** As políticas de captação, valorização e desenvolvimento de pessoas impactam na manutenção e reforço de uma determinada cultura. Essas políticas definem as características dos indivíduos que serão recrutados, valorizados, desenvolvidos e prestigiados em uma determinada organização. Pessoas que não se adaptam à cultura, ainda que sejam admitidas na organização por uma falha no processo seletivo, dificilmente serão alvo de planos de desenvolvimento específicos, de promoções importantes ou de incentivos financeiros significativos.

- **Ritos e símbolos: O que e como é festejado e glorificado reforçam os valores que a organização deseja que sejam praticados, lembrados, admirados e perpetuados.** Cerimônias de premiação aos funcionários mais antigos (cada vez mais raras) reforçam a fidelidade à empresa como um valor. Fotos do fundador espalhadas pela empresa querem lembrar a todos que os valores imprimidos por ele na criação do negócio ainda são vigentes (geralmente associados a um mito de líder-herói). Aplausos, apitos e gritos quando alguém concretiza uma venda (ritual presente em alguns *call-centers*) indicam que o sucesso ou fracasso de alguém está diretamente ligado à capacidade de venda e que o reconhecimento (ou demérito) será público e notório. Festas de final de ano regadas a refrigerante indicam que a empresa é contra o uso de álcool e drogas. Cerimônias públicas de humilhação a quem não atinge as metas de produtividade (corredor polonês, danças em cima de mesas, piadinhas ofensivas) são um claro sinal de que a empresa tolera assédio moral, desde que as metas sejam batidas. Os fins justificam os meios. O ambiente é competitivo e cruel.

- **Ambiente físico:** Há conforto ou estoicismo? Os móveis são modernos ou clássicos? Há distinção dos espaços ocupados pelos líderes e pela operação? Ou entre o pessoal da área-meio e da área-fim? Os restaurantes e os estacionamentos são segmentados? As portas das salas ficam abertas? Há salas de reuniões? O café é servido em xícaras de porcelana por uma copeira uniformizada, é disponibilizado por uma máquina de café automática ou os funcionários fizeram uma "vaquinha" e adquiriram sua própria cafeteira? Para falar com o gerente é preciso passar pela mesa da secretária (e, obviamente, pelo escrutínio da secretária) ou não é preciso marcar horário? As comunicações são verbais ou por *e-mail*? Todos têm acesso a computadores? Esses elementos – móveis, acesso à tecnologia, *layout* das salas, espaços distintos para diferentes níveis hierárquicos – são todos indícios da cultura organizacional. Eles nos dirão se a cultura é mais ou menos informal, participativa, voltada ou não para os avanços tecnológicos, inovadora, criativa ou voltada para a qualidade de vida dos colaboradores.

- *Dress-code*: Como as pessoas se vestem na sua organização? Geralmente associamos terno e gravata e *tailleur* às culturas mais formais e conservadoras; *jeans* e calçados esportivos, às culturas informais; uniformes, às culturas fortes; modelitos alternativos, às culturas nas quais a criatividade e a originalidade são os fatores mais importantes. Independentemente da cultura organizacional, há um consenso entre os recrutadores contemporâneos de que perfumes fortes, maquiagem extravagante, saias curtas, decotes, transparências e sandálias masculinas não combinam com nenhum tipo de cultura organizacional, exceto a do *show business*.

- **Clima organizacional: Se a cultura organizacional nos diz o modo como as pessoas pensam e como fazem as coisas, o clima nos diz como as pessoas se sentem dentro da empresa.** Cultura e clima estão associados. Culturas muito competitivas, focadas prioritariamente em metas e resultados, costumam gerar um clima mais tenso e de pouca cooperação e confiança. Culturas voltadas para as relações humanas podem gerar ambientes descontraídos e de alta sociabilidade e integração entre seus membros. Organizações pautadas pelo formalismo e pela hierarquia ensejam ambientes de pessoas cautelosas, formais e de poucas iniciativas. Empresas cujos donos trabalham lado a lado com suas equipes podem gerar culturas mais participativas.

- **Localização geográfica:** Há relatos de empresas com diferentes traços culturais em suas filiais de cidades litorâneas e do interior do estado. Também há relatos de diferenças culturais entre filiais de cidades muito quentes e de cidades muito frias. O mesmo ocorre em relação a cidades localizadas na fronteira com outros países, cidades turísticas, cidades em relativo isolamento e outras características geográficas e regionais que acabam impactando a cultura da empresa.

2.1 Criando uma cultura de inovação

Quando se fala em inovação, poucos nomes serão tão lembrados quanto o de Steve Jobs. Jobs conseguiu imprimir à Apple uma cultura de inovação contínua, de experimentação, de criatividade. Os consumidores se acostumaram a acompanhar essas inovações e a aguardar com ansiedade o lançamento de novos produtos. Ser consumidor da empresa tornou-se sinônimo de ser atualizado, descolado e capaz de interagir com as novas tecnologias.

Antes de Jobs, outros tiveram o mesmo papel. Um dos casos mais conhecidos é o de Akio Morita, fundador da Sony. Com uma cultura organizacional apoiada na qualidade e na inovação, Morita revolucionou o mercado de eletrônicos ao lançar produtos como o Walkman® e o Discman®. Esses produtos, embora hoje impensáveis pela geração MP (aparelhos que armazenam e reproduzem arquivos de áudio baixados da internet e que permitem ouvi-los em diversos ambientes), revolucionaram a forma de ouvir música na época em que foram lançados.

Acredito que somente uma cultura de inovação permitiu que um chinelo de borracha virasse uma peça *cult*, presente no guarda-roupa de celebridades e que, não obstante, ainda se mantém nos pés dos trabalhadores mais humildes. É o fenômeno das sandálias Havaianas. Percebendo e aproveitando as tendências dos consumidores, o pessoal das Havaianas começou a direcionar sua produção para a preferência dos usuários. Assim, lançou uma sandália cuja sola colorida ficava para o lado de cima e a parte branca para baixo, acompanhando o grande número de compradores que viravam o solado para deixá-lo mais descolado. Nessa mesma linha, surgiram as tiras com enfeites, os desenhos ecológicos e tropicais nos solados, as tiras mais finas, os solados mais altos e novos modelos e cores a cada estação. As sandálias Havaianas são um dos raros produtos utilizados por todas as classes sociais do país e valorizado no exterior como produto genuinamente brasileiro.

A cultura de inovação também está presente na web. A empresa ThinkGeek vende pela internet uma série de produtos altamente criativos, cuja proposta é serem originais, divertidos e de qualidade. Muitos são educativos. De bactérias e fungos de pelúcia, para os aficionados por biologia e medicina, aos bonecos zumbis cujos membros se despedaçam e se recompõem por meio de um sistema de velcros, a ThinkGeek fascina crianças e adultos com uma linha de produtos que vai desde utilidades domésticas até brinquedos e artigos para cientistas iniciantes, como o giroscópio ou a cabeça de geleia que expõem a estrutura cerebral quando apertada. Haja miolos criativos!

A inovação não se restringe a produtos criativos, mas a processos de gestão inovadores. Henry Ford, com sua linha de montagem e sua produção em massa de automóveis Ford pretos; o pai da administração científica, Frederick Winslow Taylor, com seus métodos de remuneração variável e aumento da produtividade por meio do estudo de tempos e movimentos; os japoneses com os círculos de controle da qualidade, são exemplos de inovações importantes nos processos de produção e gestão. Ford lançou a ideia de que seus trabalhadores deveriam poder comprar seus carros e inovou no sistema de remuneração. Taylor criou uma cultura científica na administração, desenvolvendo métodos específicos para o aumento da produtividade na indústria, utilizados até hoje também no comércio e em serviços. A cultura organizacional das empresas japonesas, baseada na própria cultura nacional do Japão, inspirou diversas organizações a adotar a qualidade, a participação, a mensuração de resultados e a melhoria contínua como valores centrais.

2.2 Como transformar uma cultura organizacional

Alguns estudos afirmam que é impossível gerenciar e transformar uma cultura organizacional. Entretanto, podemos afirmar que uma verdadeira transformação organizacional não ocorre sem que a cultura seja profundamente alterada.

Já se sabe que não basta falar sobre a cultura esperada e colocar cartazes nas salas de reuniões enfatizando os valores da "nova cultura". A cultura se forma e se consolida pelo que se faz, e não pelo que se diz. Assim, há alguns elementos indissociáveis de uma mudança cultural efetiva. Veja alguns desses elementos.

- **Propósito e significado:** a mudança de cultura deve ter uma razão de ser. Salvar a empresa da falência, adaptar-se aos desafios do ambiente externo, atender às demandas da sociedade e de consumidores mais específicos e reter colaboradores talentosos podem ser bons motivos para que se inicie um processo de mudança cultural. **Todos devem compreender o porquê da mudança.**
- **Implicações:** o que vai acontecer com a mudança de cultura? Todos poderão se adaptar a ela? O que acontecerá com os que não se adaptarem? A empresa irá apoiar os colaboradores no processo de transição? De que forma? **Todos devem compreender as consequências da mudança cultural sobre as pessoas.**
- **Alinhamento e coerência:** os valores, os procedimentos, a estratégia, a estrutura e as políticas organizacionais devem estar alinhados com a cultura. Para consolidar uma nova cultura, é necessário que todo o sistema interno reforce os novos valores. **Estratégia, planos, políticas, objetivos, programas e procedimentos devem estar alinhados com a cultura proposta.**

- **Personificação:** a alta administração deve ser o exemplo vivo dos novos valores e da nova cultura organizacional. Se a nova cultura é informal, os líderes devem se portar de maneira informal; se o meio ambiente é valorizado, devem evitar desperdícios; se é valorizada a austeridade, devem evitar gastos desnecessários; se a cultura é de diversidade, deve haver pessoas diversas entre os quadros de gestão. **As pessoas aprendem sobre o comportamento organizacional esperado muito mais pelo que observam do que pelo que escutam.**

- **Constância:** a cultura e os valores da organização não são algo que se muda conforme a predisposição dos gestores ou o clima do dia. São elementos que devem se manter por um período longo de tempo, para que possam se consolidar. Regras que estão sempre mudando, valores que são abandonados, planos esquecidos, políticas não praticadas que logo ficam obsoletas são obstáculos à implantação de uma cultura sólida e efetiva. Além disso, essas mudanças frequentes deixam os colaboradores inseguros e confusos quanto ao seu papel dentro da organização. **Os colaboradores devem saber exatamente quais são os comportamentos valorizados pela cultura organizacional e o que é esperado de cada membro da equipe.**

- **Treinamento e desenvolvimento mais treinamento e desenvolvimento:** encontros, cursos, *workshops*, ações de *coaching* e *mentoring*, reuniões, planos de desenvolvimento de lideranças, todas essas ações de treinamento e desenvolvimento são facilitadoras da transformação cultural. É através delas que os valores são explicitados, reforçados, discutidos, exemplificados, personificados, consolidados. **É preciso investir nas pessoas para que a mudança cultural se efetive.**

- **Transparência:** os colaboradores devem poder confiar nas informações recebidas e acreditar que os propósitos apresentados pela organização para justificar a mudança cultural são verdadeiros e legítimos. As equipes devem ter acesso às informações necessárias para que compreendam o que está acontecendo na organização e por quê. Os gestores precisam mostrar-se abertos e disponíveis para esclarecer dúvidas, reduzir ansiedades e ouvir queixas. Devem estar preparados para acolher os inseguros e fornecer ferramentas de apoio aos entusiastas. **A transparência fornece a base para que se estabeleçam relações de confiança dentro da nova cultura.**

- **Adequação da estrutura organizacional: Querer implantar uma nova cultura tendo por base uma estrutura arcaica é a receita para o fracasso.** Culturas inovadoras não se assentam sobre estruturas piramidais e mecanicistas. Formalismo, hierarquia rígida, dificuldade nas comunicações, centralização do poder decisório e excesso de níveis hierárquicos desestimulam as mentes criativas e as personalidades autônomas. **As estruturas orgânicas são mais indicadas para as culturas de inovação.**

2.3 As subculturas

Nem todas as culturas são homogêneas. Existe o que chamamos de subculturas, ou seja, diferentes culturas que convivem sob o abrigo da mesma organização.

O mais comum é encontrar-se subculturas distintas entre atividades-meio e atividades-fim (magistrados e pessoal administrativo, dentro do judiciário); entre áreas-chave da organização (tais como financeiro e produção ou pesquisa e desenvolvimento e comercial); entre pessoal especializado e equipe de apoio (médicos e equipe de enfermagem); e entre diferentes regiões (equipes da serra e do litoral, ou equipes do sul e do norte).

As subculturas se formam por meio do tipo de **especialização dos membros** (os médicos ou magistrados, por exemplo), da **natureza da tarefa realizada** (criação publicitária, atividade notarial, controles financeiros, pesquisa e desenvolvimento), e da **valorização recebida** (atividade-meio ou atividade-fim).

Ao mesmo tempo em que é desejável, na medida em que reforça os valores específicos e as capacidades de determinado grupo profissional, a existência de subculturas pode ser potencialmente geradora de conflitos. Uma subcultura pode ser incompatível com as outras, ocasionando uma luta pela sua prevalência sobre as demais. Uma subcultura desalinhada com as demais pode gerar entraves à produtividade, problemas de comunicação e dificuldade de relacionamento entre os membros das diferentes equipes.

Entretanto, ainda que coexistam diferentes culturas dentro de uma mesma organização, é necessário que cada uma delas compartilhe, mesmo que parcialmente, da cultura organizacional vigente, sob o risco de desestruturação e fragmentação dos valores institucionais. A cultura organizacional deve ser reconhecida por todos, e seus elementos são a cola que une as diferentes subculturas em torno de algo comum.

Sem a compreensão dos elementos de cada subcultura, é impossível gerenciar processos de mudança, integrar as áreas em torno de objetivos comuns e criar um clima de harmonia na empresa.

2.4 Mudanças culturais em fusões e aquisições

As fusões e aquisições têm sido bastante frequentes nas organizações contemporâneas. Uma empresa norte-americana compra uma concorrente brasileira para obter maiores fatias de mercado. Logo a seguir, uma empresa brasileira se funde com a concorrente europeia para ter acesso a novas tecnologias de produção. Uma empresa familiar de sucesso é vendida para uma multinacional porque os sucessores não têm interesse em tocar o negócio para a frente. Uma pequena empresa de fundo de quintal floresce no mercado das empresas digitais e é vendida por milhões de dólares a uma grande *player* do setor.

Antes esporádico, esse tipo de negócio se torna cada vez mais frequente. Mas o que acontece quando diferentes culturas se unem através de um novo acordo comercial?

É ilusório imaginar que uma fusão financeira resulte em uma fusão cultural a curto prazo. Quando duas culturas são colocadas lado a lado, há uma luta pela sobrevivência. Os hábitos, pensamentos, rotinas e crenças arraigados há anos não se modificam facilmente, e as pessoas não abrem mão de seus pressupostos com facilidade. Quem vencerá a batalha cultural? Estudos apontam que há uma tendência a que a cultura mais forte acabe predominando, mesmo que não seja essa a intenção dos novos sócios. Da mesma forma, a cultura da empresa com maior número de funcionários ou da mais antiga – portanto, a cultura mais consolidada – tende a prevalecer sobre uma cultura fraca ou demasiado jovem.

Quando as culturas são muito diferentes, o conflito é inevitável. Demissões e renovação de quadros funcionais quase sempre acompanham as tentativas de mudança cultural. De qualquer forma, em uma situação dessas, o planejamento, a comunicação clara e transparente, o investimento em treinamento e desenvolvimento, além da convicção, são elementos necessários para reduzir os traumas de um choque cultural.

Paciência – esse é o elemento decisivo quando se trata de integrar culturas. Não pense que amanhã as duas empresas que sofreram fusão passarão a funcionar como uma só cultura. Essa ilusão só tem feito os gestores perder tempo precioso de planejamento e ação no processo de integração cultural.

3 Cultura organizacional em instituições públicas

As instituições públicas são tradicionalmente burocráticas. Regidas por leis e pela necessidade de preservar as decisões e a autonomia de seus membros, esse tipo de organização adota uma gestão própria e peculiar.

Ao contrário das empresas privadas, nas quais está escrito o que é proibido fazer, nas instituições públicas está escrito o que se pode fazer. O que não está escrito, previsto, aprovado, legislado não pode. As burocracias foram pensadas com esse intuito, de preservar o ambiente interno de decisões políticas, precipitadas ou impensadas. A ideia era de aumentar a previsibilidade e preparar-se para responder às demandas de forma homogênea e rápida. Seria fácil saber o que fazer em cada situação.

A burocracia, tal como proposta como modelo ideal por Max Weber,[1] apresenta uma série de vantagens. Organização, controle, normas claras e meritocracia são elementos favoráveis ao desenvolvimento organizacional.

Entretanto, os mesmos fatores que protegiam e perpetuavam a organização em um ambiente estável a ameaçam em um ambiente dinâmico. É impossível prever, planejar e normatizar todas as situações e ações que envolvem o dia a dia dos gestores contemporâneos. É preciso criatividade, dinamismo e rapidez na tomada de decisão para atender de forma eficiente e adequada aos cidadãos que recorrem ao poder público. Mas as normas burocráticas engessam as organizações públicas, tornando-as lentas demais para acompanhar as mudanças necessárias.

Há funcionários públicos que se veem tolhidos em suas iniciativas, sem espaço para pôr em prática suas ideias e sua criatividade, e sentem que sua carreira pode ser solapada por questões políticas.

Muitos servidores já não sabem mais o que originou as normas que aplicam, entretanto sabem que devem segui-las. "Sempre foi feito assim" – é a explicação encontrada para que se siga um procedimento cuja origem e propósito já não são mais conhecidos ou justificáveis.

Nessas instituições, costumam prevalecer a estrutura piramidal, os diversos níveis hierárquicos e a centralização. Estudiosos como Crozier[2] observaram que tais estruturas geram dificuldades de comunicação, problemas de integração entre departamentos, existência de feudos e subculturas fortes e divergentes, conflitos pelo poder e dificuldades no atendimento aos usuários.

Felizmente, a conservadora e pesada cultura organizacional pública vem mudando. Gestores dinâmicos, servidores comprometidos e cidadãos insatisfeitos têm impulsionado o setor público a adotar modelos de gestão da iniciativa privada e modernas ferramentas administrativas. Programas de qualidade, gestão de processos e desenvolvimento de pessoas já são expressões comuns nas instituições cujo patrão é o governo.

Sandro Bergue[3] destaca que **a adoção de ferramentas gerenciais oriundas da iniciativa privada ao setor público pode ser perigosa se não forem feitas as devidas adaptações aos propósitos e à cultura de cada instituição.**

Não é sensato imaginar que ferramentas pensadas para aumentar a produtividade de uma empresa que visa ao lucro possam ser aplicadas sem adaptações ao serviço público, cujo propósito essencial é o de servir ao cidadão e não o de obter ganhos financeiros.

O grande desafio para a gestão pública é o de desenvolver mecanismos que permitam imprimir às suas instituições uma cultura dinâmica e inovadora, sem que se percam os valores básicos de cidadania, atendimento de qualidade ao cidadão, conexão com a sociedade e proteção aos membros que lidam com interesses em conflito.

Acompanhe o nascimento de uma cultura forte

Negócios construídos na base da confiança? Capital social como o elemento mais importante da organização? Isso é possível? Para a Engage é. Veja agora uma nova forma de fazer negócios, com base no trabalho em rede, na confiança e na vontade de mudar o mundo através da web.

A Engage existe há dois anos. A pequena e inovadora empresa foi desenvolvida por um grupo de jovens que desejavam utilizar o poder da internet para fazer mudanças positivas na sociedade.

O pontapé inicial foi a fusão de duas empresas de *software*, cujos membros tinham preocupação com questões ambientais e sociais. Alguns eram veganos, outros estavam engajados nas campanhas pelo uso das bicicletas como meio de transporte urbano, tendo como elemento comum o desejo de construir uma sociedade melhor.

A primeira referência da Engage foi a norte-americana Purpose.com, hoje cliente da Engage. No Brasil, a Engage é a única empresa a trabalhar focada no desenvolvimento de *softwares* com caráter de inovação social (*social change*). "Assim como no livro *A Estratégia do Oceano Azul*, nos diferenciamos através de uma visão própria de negócios com propósito e, assim, criamos um novo mercado", afirma Tomás de Lara, um dos sócios da empresa.

A empresa, que é bastante enxuta, tem um time de 15 pessoas com competências complementares. Um grupo em alta conexão que reúne especialistas em formação de comunidades, *design*, engenharia de *software*, finanças e administração. Parte dos sócios é oriunda de grandes empresas nas quais se sentiam frustrados. Eles desejavam fazer algo mais significativo, trabalhar com menos hierarquia e poder desenvolver ações alinhadas com suas crenças pessoais.

Muitas das metodologias e estratégias de negócios da empresa são baseadas no conceito de *lean startup*, cultura amplamente difundida no Vale do Silício, que tem Eric Ries como um de seus maiores evangelistas.

O foco principal do negócio da Engage é a consultoria e o desenvolvimento de negócios e de projetos sociais baseados na web. Os negócios têm como princípio a cultura da colaboração, da cocriação, do engajamento cívico, dos novos formatos de interação econômica como o financiamento colaborativo (*crowdfunding*) e da produção colaborativa (*crowdsourcing*).

A cultura de confiança, baseada no capital social da equipe e dos parceiros de negócios, é a coluna central da Engage. "Somos um negócio emergente, de atuação em rede, com alta valorização do capital social", afirma Tomás de

Lara. Para ele, criar vínculos de interação e de confiança é a base dos negócios. Cada projeto passa por uma definição de parcerias, e a distribuição da remuneração é negociada de acordo com o tempo investido no trabalho e com o grau de experiência de cada participante.

Atuar em rede, para a Engage, é a "permeabilidade" na hora de fazer parcerias. Um exemplo é o Projeto Estaleiro Liberdade (veja mais no epílogo), que foi construído por três membros, de três empresas diferentes.

Hoje a Engage tem clientes em Nova York, Chile, Colômbia e em diversos estados brasileiros. Sua sede em Porto Alegre abriga três empresas parceiras e se chama Casa Liberdade, reforçando a ideia de conexão entre as empresas e as pessoas.

Entre as realizações da Engage se destacam em especial os projetos Catarse – primeira plataforma de financiamento colaborativo de projetos criativos do Brasil, que foi cofundada em parceria com sócios que estão no Rio de Janeiro e em São Paulo – e Mineo – plataforma *online* para criação colaborativa de produtos inovadores. Além do Catarse e do Mineo, vale a pena conhecer os projetos Festival de Ideias, Meu Rio, Nos.vc, Matéria Brasil e Estaleiro Liberdade.

Para saber mais sobre a cultura, filosofia, valores, projetos e parceiros da Engage, acesse os seguintes *sites*:

www.engage.is
www.catarse.me
www.mineo.co
www.nos.vc
www.estaleiroliberdade.com.br
www.materiabrasil.com
www.comum.cc
www.purpose.com

Tomás de Lara sugere:

http://bit.ly/fwirAd - (Vídeo sobre a era da colaboração)
http://bit.ly/dcDsbx - (TED sobre propósito em negócios)
http://bit.ly/QzswSn - (Vídeo sobre valor da confiança e reputação na internet)
http://bit.ly/wNrYlk - (Vídeo inspiracional)
http://onforb.es/ngyYbe - (Artigo na *Forbes* sobre poder social)

Acrescento às sugestões a leitura dos livros: *A Startup Enxuta*, de Eric Ries; *The Crowdfunding Revolution*, de Kevin Lawton e Dan Marom; *Crowdfunding*, de Kevin Roebuck; e *A Estratégia do Oceano Azul*, de W. Chan Kim e Renee Mauborgne.

Os sócios da Engage: informalidade, descontração e trabalho em rede para o empoderamento social.

Vamos ao trabalho: os casos

Caso em uma instituição pública

Roberto trabalhou por quinze anos em empresas privadas. Recentemente, foi chamado para assumir um cargo público, de caráter político, em uma função de liderança. Ao tomar posse, a primeira providência de Roberto foi tentar conhecer o atual funcionamento da instituição, seus processos de trabalho, rotinas, normas e procedimentos. Os servidores foram fazendo seus relatos a respeito das atividades, e, quando questionados do porquê de determinados padrões, muitos respondiam: "Não sei, sempre foi feito assim" ou "Desde que cheguei eu sempre fiz assim". Roberto percebeu que o questionamento, a crítica e a inovação não faziam parte do dia a dia daquela instituição, e resolveu tentar um processo de mudança cultural.

1. Quais as possíveis dificuldades que Roberto encontrará?
2. Como ele deve iniciar?
3. Por que os servidores não parecem nada dispostos a revisar seus procedimentos?
4. Quais os fatores que contribuem para a consolidação de uma cultura conservadora nas instituições públicas?

5. De que forma as experiências profissionais anteriores de Roberto podem auxiliar ou dificultar uma mudança cultural na atual instituição?

Caso em uma instituição privada

A empresa de produtos químicos Cloropart recebeu recentemente uma multa dos órgãos de fiscalização ambiental por ter despejado material poluente em um riacho nas proximidades de sua fábrica principal. Anteriormente, a indústria já havia sofrido um processo por colocar a população local em risco devido a um vazamento de gás tóxico. Um terceiro processo judicial dessa monta poderia levar a Cloropart à falência. Os acionistas, preocupados com a situação financeira da empresa e com sua imagem no mercado, resolveram indicar um novo nome para a presidência da empresa. Assim, o novo presidente, Olavo, assumiu a empresa em um momento de crise, com a missão de torná-la ambientalmente responsável e de recuperar sua imagem perante o mercado. Logo no início de seu trabalho, Olavo percebeu que na empresa imperava uma cultura de desperdício, falta de cuidados com pessoas e equipamentos e tolerância a acidentes como "parte do negócio". "Será preciso uma grande mudança cultural para tornar esta empresa ambientalmente responsável", suspirou Olavo.

1. Quais os fatores que estão impulsionando a Cloropart a uma mudança cultural?
2. A troca do presidente parece ter sido uma decisão acertada?
3. Como você iniciaria o processo de mudança cultural?
4. Quais os fatores culturais que podem ter levado a Cloropart a essa situação?
5. Em sua opinião, uma mudança cultural pode reverter a imagem negativa da empresa perante a opinião pública?

Caso em uma pequena empresa

A Indústria de Confecções Paraná Ltda. é uma pequena empresa de dois sócios, Marcelo e Arthur. Marcelo é responsável pelas áreas financeira e administrativa, e Arthur cuida da produção e das vendas. Marcelo lidera sua equipe com um estilo participativo, aberto e democrático. Os funcionários de sua equipe sabem que podem contar com ele quando precisarem e que suas opiniões serão ouvidas e respeitadas. Muitas das ideias apresentadas pela equipe de Marcelo foram implementadas com sucesso. Quando alguém comete um erro, Marcelo procura descobrir a causa do erro antes de acusar alguém de negligência. Já na equipe de Arthur a situação é bem diferente. Arthur possui um estilo de liderança autocrático e costuma determinar detalhadamente o que deve ser feito. Considera as críticas e opiniões dos funcionários sinais de insubordinação. Os erros são severamente punidos. Os funcionários temem informar a ocorrência de algum problema operacional por que temem ser acusados de tê-lo causado. Com dois estilos de liderança tão distintos em uma empresa tão pequena, era de se esperar que os conflitos começassem a emergir. A rotatividade na área de Arthur é elevada, acarretando custos para a empresa. Os encarregados de vendas e de produção são espelhos do estilo de Arthur e tratam suas equipes com tanta rigidez quanto o próprio gestor emprega no seu dia a dia. Pedidos de transferência para a área administrativa começam a chegar aos sócios. Marcelo percebe que é como se houvesse duas empresas distintas: uma, participativa, aberta e flexível; outra, rígida e inflexível.

1. Uma empresa pode funcionar adequadamente com a coexistência de duas subculturas tão distintas? Justifique.
2. O que você faria no lugar de Marcelo?
3. O que você faria no lugar de Arthur?
4. Você acredita que é possível unificar as subculturas da Paraná em uma cultura única e forte? Como?
5. Se você fosse unificar as culturas, quais os traços de cada subcultura você valorizaria?

Caso em uma empresa familiar

Regina é descendente de uma família de chineses. Seus ancestrais trabalharam duro no plantio e na colheita de arroz, com jornadas de trabalho que podiam exceder as 12 horas diárias. Com disciplina, esforço e dedicação, a família de Regina conseguiu deixá-la em uma situação financeira confortável, que lhe permitiu iniciar um pequeno mas próspero negócio familiar: um restaurante de comida chinesa em um bairro de classe média na cidade de Campinas, São Paulo. Viúva há quatro anos, Regina vem tocando o negócio com os três filhos: Henrique, Mário e Taís. Henrique e Mário estudam administração de empresas, são dedicados ao negócio e bastante diligentes. Acordam às seis horas da manhã, fazem as compras de alimentos para o restaurante, trabalham todo o dia ao lado da mãe supervisionando a preparação de alimentos, atendendo os clientes e cuidando do caixa. À noite, os irmãos vão para a faculdade. Os finais de semana também são ocupados. A rotina diária do restaurante se mantém, e a noite é reservada para os estudos. A filha mais moça, Taís, está no primeiro semestre da faculdade de gastronomia. Sente-se esgotada com a rotina adotada pelos irmãos e alega que precisa de tempo para passear, namorar e se divertir. Gasta todo o seu salário em roupas e baladas, ao contrário dos irmãos, que poupam para pagar a faculdade, adquirir um imóvel próprio e investir no negócio da família. Henrique e Mário já reuniram capital suficiente para, junto com a mãe, abrir uma filial do restaurante. Taís já poupou o suficiente para adquirir uma bolsa Louis Vuitton. Os funcionários do restaurante sempre se espelharam na família dona do empreendimento. Chegam bem cedo, trabalham duro e estão sempre à disposição para o trabalho. Entretanto, ao perceberem que Taís chega mais tarde, sai mais cedo, vai ao salão no meio da tarde e não "pega no pesado", os funcionários começaram a querer os mesmos direitos. Funcionários que jamais haviam se atrasado ou que nunca se negaram a fazer horas extras começam a fazê-lo. Ouvem-se rumores de que "trabalho duro não é para a nossa geração, o que vamos ganhar com isso?".

1. O que você faria se fosse Regina?
2. De que forma Taís está promovendo mudanças na cultura do restaurante?
3. De que forma as culturas nacional, familiar e organizacional se entrelaçam?
4. Quais os fatores que poderiam estar levando Taís a adotar atitudes diferentes das atitudes da família em relação ao trabalho?
5. O que Henrique e Mário devem fazer?

Questões para discussão

1. Quais as vantagens e as desvantagens de uma cultura organizacional forte?
2. Como você descreveria, com suas próprias palavras, o que é cultura organizacional?
3. Qual a diferença entre cultura e clima organizacional?
4. Discuta dois elementos que definem uma cultura organizacional.
5. Qual o papel do líder em relação à cultura organizacional?
6. Qual a influência das culturas nacionais e regionais sobre a cultura organizacional?

7. Discuta duas expressões da cultura organizacional.

8. Discuta dois fatores que podem apoiar um processo de mudança cultural em uma organização.

9. Como você descreveria, de forma ideal, a cultura de uma organização globalizada?

10. Qual a relação entre cultura e diversidade nas organizações?

BIBLIOGRAFIA E NOTAS

1. WEBER, Max. *Ensaios de sociologia*. 4. ed. GERT, H.H. e MILLS, C.W. (org. e introd.). Rio de Janeiro: Zahar, 1979.
   _____. Os fundamentos da organização burocrática: uma construção do tipo ideal. In: CAMPOS, E. (org. e trad.). *Sociologia da burocracia*. 4 ed. Rio de Janeiro: Zahar, 1978.
2. CROZIER, Michel. *O fenômeno burocrático*. Brasília: Editora Universidade de Brasília, 1981.
3. BERGUE, Sandro Trescastro. *Modelos de gestão em organizações públicas*. Caxias do Sul: EDUCS, 2011.
   _____. *Gestão de pessoas em organizações públicas*. Caxias do Sul: EDUCS, 2010.

LEITURAS SUGERIDAS

HSIEH, Tony. *Satisfação garantida*: no caminho do lucro e da paixão. São Paulo: Thomas Nelson Brasil, 2010.

SEMLER, Ricardo. *Virando a própria mesa* – Uma história de sucesso empresarial made in Brazil. Rio de Janeiro: Rocco, 2002.

SITES SUGERIDOS

http://pontodereferencia.com.br/

VÍDEOS SUGERIDOS

The Zappos Family, Nightline - http://www.youtube.com/watch?v=tFyW5s_7ZWc

6
Motivação

> *"Combateremos à sombra!"*
> Leônidas, comandante espartano que comandou a resistência ao ataque persa no desfiladeiro de Termópilas, ao ser avisado de que as flechas inimigas eram tantas que cobriam a luz do sol, 480 a.C.

Objetivos do capítulo

- Apresentar diferentes fontes de motivação.
- Discutir formas de estimular as equipes de trabalho.
- Apresentar ações que desmotivam os colaboradores.
- Debater a necessidade de customizar os programas motivacionais nas organizações.
- Refletir sobre as tendências no desenvolvimento de programas motivacionais.

1 Muito se fala em motivação e em motivar

A Administração é pródiga em promover seminários e cursos motivacionais. Palestras nas quais são exaltadas a força interior e a capacidade de superação de obstáculos, além da "automotivação" para vencer desafios, são eventos frequentes em empresas de todos os portes e categorias. Tal investimento de parte das empresas é realmente efetivo?

A primeira questão a considerarmos é o fato de que **a motivação é intrínseca, ou seja, não é possível motivar outra pessoa, ela encontra em si mesma o impulso para a ação**.

Então não é possível fazermos nada? Sim, é possível estimularmos nossa equipe, atendendo a alguma necessidade da própria equipe. Explico melhor. Se o seu funcionário tem uma necessidade de prestígio e de *status*, você pode estimulá-lo em direção a determinados objetivos oferecendo títulos, cargos e benefícios diferenciados. Ele estará naturalmente motivado para aceitar seu desafio, pois ele deseja muito a recompensa. Mas outro membro da equipe pode estar precisando de recursos financeiros. A família cresceu ou ele precisa custear um tratamento médico para os pais ou pensa adquirir um imóvel. Nesse caso, qualquer estímulo que o desafie a uma ação que, se bem-sucedida, resultará em ganho financeiro deixará nosso amigo plenamente motivado.

Além da necessidade de investigar as motivações individuais e de prover estímulos adequados a cada grupo ou indivíduo, é necessária uma ação sistêmica de gestão de pessoas para que o efeito das palestras motivacionais não se evapore como gotas d'água caídas no asfalto quente.

Palestras e cursos sobre motivação no trabalho podem ser um desperdício de recursos se as lideranças são abusivas e autocráticas, se os salários não são compatíveis com o mercado, se o clima organizacional é ruim, se o ambiente físico e psicológico não é salutar.

Mais do que perder tempo e dinheiro, as empresas que promovem esse tipo de atividade sem que tenham uma estrutura, uma cultura e políticas que suportem suas ações podem estar fazendo gol contra. Após duas ou três atividades dessa natureza sem que a empresa altere os fatores de estímulo aos funcionários, as equipes tornam-se descrentes em qualquer possibilidade de mudança. Quanto mais eventos motivacionais se sucedem sem que haja alteração nas condições ambientais e nas políticas de gestão de pessoas, mais céticos se tornam os funcionários, a ponto de praticamente inviabilizar projetos de mudança organizacional no futuro.

2 Diferentes fontes de motivação

Acabamos de ressaltar que a motivação é intrínseca, ou seja, vem de dentro do indivíduo, podendo ser estimulada (ou desestimulada) por fatores externos. É nesse momento que entra o papel da organização, através do gerenciamento de estímulos externos.

Frederick Herzberg,[1] psicólogo norte-americano que propôs a Teoria dos Dois Fatores (década de 1950), já destacava que há fatores chamados de Higiênicos e fatores chamados de Motivacionais. Os fatores higiênicos são aqueles que, quando estão presentes, não tornam as pessoas mais motivadas para o trabalho, mas, quando ausentes, geram desmotivação. Entre esses fatores estão as condições ambientais, o salário, o clima organizacional e a segurança no emprego. Como se pode observar, esses fatores estão relacionados a necessidades básicas de segurança, pertencimento, sobrevivência e conforto. Por exemplo, se os móveis de um escritório tiverem um *design* moderno e forem bonitos e confortáveis, os funcionários irão se sentir bem, mas não necessariamente motivados para o trabalho. Talvez motivados para uma soneca após o almoço! Mas se os móveis forem desconfortáveis e não ergonômicos, os funcionários poderão ficar desmotivados para o trabalho.

Já os fatores motivacionais estão relacionados às necessidades de autorrealização, de aprendizagem e de crescimento. Quando estão ausentes, não chegam a causar desmotivação, mas, quando presentes, estimulam os funcionários a desempenhar suas atividades com muito mais interesse. Entre os fatores motivacionais estão as oportunidades de carreira; de treinamento, desenvolvimento e educação; e de aprendizagem continuada.

É possível traçar uma relação entre a Teoria dos Dois Fatores, de Herzberg, e a Teoria Holística Dinâmica das Motivações, de Abraham Maslow (década de 1950).[2]

Em sua teoria, também conhecida como Hierarquia das Necessidades ou Pirâmide das Necessidades, esse psicólogo norte-americano sugeriu que o ser humano apresenta uma série de necessidades, que podem ser satisfeitas de diversas formas. **Cada necessidade satisfeita temporariamente abre uma janela para necessidades chamadas superiores**. Assim, teríamos:

Como necessidades básicas:

a. fisiológicas (alimento, bebida, sono, sexo);

b. de segurança (abrigo, integridade física, continuidade do atendimento das necessidades básicas); e

c. sociais (pertencimento ao grupo, aceitação pelos outros, relacionamento e contato social, interação).

Como necessidades superiores:

a. de estima (*status*, prestígio, reconhecimento pelos outros, valorização externa);
b. de autorrealização (autoapreciação, orgulho e satisfação com o próprio trabalho, vencer desafios, sentir-se capaz independentemente da opinião alheia, oportunidade de desenvolver o próprio potencial e talentos).

Como se percebe, os fatores higiênicos de Herzberg estão relacionados com as necessidades básicas de Maslow, da mesma forma que os fatores motivacionais de Herzberg estão relacionados com as necessidades superiores de Maslow.

As necessidades apontadas por Maslow fazem parte de um processo dinâmico. Uma necessidade nunca será completa e permanentemente satisfeita. A fome é saciada no almoço para retornar no jantar. O *tablet* que hoje simboliza *status* será substituído amanhã por um modelo mais novo e com mais recursos tecnológicos. Os desafios profissionais vencidos hoje nos preparam para o enfrentamento de novos desafios.

Além de Maslow e de Herzberg, dois outros pesquisadores tornaram-se famosos na abordagem da motivação: Douglas McGregor e David McClelland.

McGregor,[3] outro norte-americano estudioso do comportamento humano, propôs, na década de 1960, a existência de duas visões básicas sobre a motivação humana, às quais ele denominou Teoria X e Teoria Y.

A Teoria X descreve o pressuposto de que as pessoas só trabalham quando obrigadas, que não têm motivação natural para o trabalho e, portanto, devem ser constantemente controladas. A índole dos trabalhadores em geral seria preguiçosa, acomodada e pouco afeita à tarefa.

A Teoria Y descreve um pressuposto diferente sobre a natureza humana e a motivação para o trabalho. Segundo essa visão, o ser humano seria naturalmente inclinado à aprendizagem e ao desafio, gostaria de trabalhar, desde que em condições favoráveis, e não precisaria de supervisão constante, mas de orientação adequada.

Sob essa ótica, o gerente que compartilhe do pressuposto X não buscará estimular seus funcionários, mas investirá tempo e esforço em controle. Já o gestor Y se preocupará em manter um ambiente físico e psicológico positivo e em oferecer oportunidades de crescimento e de aprendizagem no trabalho, a fim de estimular sua equipe a dar o melhor de si.

David McClelland,[4] por sua vez, apontou, na década de 1950, a existência de três fatores motivacionais básicos: necessidade de poder, de realização e de afiliação.

As necessidades de afiliação se aproximariam das necessidades sociais de Maslow: querer pertencer a um grupo social e ser aceito por ele, interagir com outras pessoas, criar um senso de identidade de grupo. Trabalhar em um ambiente no qual as pessoas valorizam as interações sociais, promovem oportunidades de troca e encontro, demonstram afeto e oferecem apoio quando necessário é uma forma de satisfazer essa necessidade.

As necessidades de realização estão relacionadas, como o próprio nome sugere, a realizar coisas, construir, consolidar, resolver, vencer obstáculos, aperfeiçoar métodos e rotinas, fazer acontecer. O indivíduo com essa necessidade deve ser colocado em posição na qual possa empreender, se responsabilizar por iniciar e concluir um projeto, agregar valor a um produto, processo ou serviço, estabelecer melhorias.

As necessidades de poder estão relacionadas ao exercício de influência sobre os demais e ao comando. Estimula indivíduos com essa necessidade a possibilidade de ocupar posições de liderança, de negociação, posições políticas e posições especializadas nas quais seus pareceres tragam grande impacto sobre organizações, indivíduos e sociedade.

2.1 Mais recentemente...

Mais recentemente, na década de 1990, uma abordagem sobre a motivação chama atenção. Proposta por um membro da psicologia positiva, Mihaly Csikszentmihalyi,[5] surge a teoria do *Flow*.

Csikszentmihalyi relaciona a motivação ao equilíbrio entre desafios e capacidades. Indivíduos que operam em ambientes que oferecem fracos desafios para as elevadas capacidades dos profissionais facilmente se sentem entediados. Indivíduos que enfrentam desafios acima de suas capacidades sentem ansiedade. A faixa ideal, que o autor chamou de "faixa" de *Flow*, é aquela na qual os desafios vão sendo gradualmente adicionados, à medida que as capacidades se desenvolvem.

A teoria do *Flow* é mais complexa do que esta breve explanação sugere e aponta que um estado de fluxo é atingido quando, além do equilíbrio entre desafios e capacidades, o indivíduo perde a noção de tempo ao realizar sua tarefa, se sente plenamente no controle da situação (embora ela possa lhe parecer difícil no momento em que é realizada), realiza esforços em direção a um objetivo do qual compartilha e que lhe é significativo e há um "perder-se" na atividade, na qual um novo estado de consciência se cria com o envolvimento total naquilo que se faz.

O que se destaca na abordagem de Csikszentmihalyi é a necessidade de autorrealização e de aprendizagem constante.

Segundo esse psicólogo, para que o indivíduo se mantenha motivado no trabalho, é necessário que as suas metas estejam claras, que a supervisão ofereça *feedbacks* periódicos a respeito do seu desempenho e que o trabalho ofereça desafios compatíveis com suas habilidades.

Todos esses autores compartilham de uma visão de certa forma humanista, na medida em que demonstram a crença nas capacidades de desenvolvimento e no potencial dos indivíduos. Desse ponto de vista, o trabalho pode ser uma oportunidade privilegiada de desenvolvimento ou um ambiente no qual todas as esperanças e motivações são deixadas à porta.

3 Diferentes formas de satisfazer diferentes necessidades: as políticas motivacionais customizadas

Conforme destacamos anteriormente, **diferentes necessidades podem ser expressas e satisfeitas de diferentes formas**. Um indivíduo que procura trabalhar em grupo pode estar buscando satisfazer necessidades de aceitação social, de reconhecimento ou de autorrealização (ou até mesmo todas essas necessidades). Outro indivíduo pode procurar um relacionamento sexual para atender necessidades fisiológicas, sociais e de estima. Um terceiro busca um cargo público pelas necessidades fisiológicas, de segurança, estima e autorrealização.

O importante é compreendermos que as necessidades são dinâmicas e se alternam com o passar do tempo. O indivíduo que está envolvido demais em um projeto no qual encontra autorrealização pode se esquecer de almoçar ou de jantar, mas, mais cedo ou mais tarde, terá de interromper seu trabalho porque as necessidades fisiológicas se tornarão imperiosas.

Cada indivíduo possui um "pacote" de necessidades diferentes em diferentes momentos de sua vida. Conclusão: as empresas tenderão cada vez mais a programas de benefícios e de incentivos flexíveis. As políticas de gestão de pessoas deverão privilegiar ações customizadas (benefícios flexíveis, pacotes diferenciados) e manter um diálogo constante e aberto com as equipes a fim de conhecer as necessidades de cada grupo e indivíduo.

Os benefícios e incentivos flexíveis apresentam algumas dificuldades, tais como o maior custo das operações e a necessidade de cuidados redobrados com a legislação trabalhista. Entretanto, os reflexos sobre a motivação e produtividade compensarão o investimento.

4 Como desmotivar seu funcionário em dez lições

Manter a equipe estimulada, incentivar constantemente o crescimento do seu pessoal, criar um clima de trabalho agradável não são tarefas fáceis. Por outro lado, não é nada difícil desestimular um funcionário e, assim, correr o risco de perder talentos preciosos. Vamos lá. Se você quer desmotivar sua equipe, aqui vão algumas dicas.

1. **Nunca reconheça o mérito do seu funcionário**: não elogie, principalmente se for em público; não dê crédito às suas contribuições aos projetos da equipe. Se possível, apresente as ideias dos seus seguidores como se fossem suas. *Feedback?* Nem pensar!

2. **Promova a cizânia e a discórdia**: coloque os integrantes de sua equipe uns contra os outros, desestimule a cooperação, distribua os recursos e as recompensas sem qualquer critério, seja injusto sempre que possível, desautorize os líderes informais, humilhe os tímidos, assedie moralmente os rebeldes.

3. **Ofereça tarefas desestimulantes**: não deixe que os subordinados participem de tarefas complexas e da tomada de decisão. Repasse a eles somente as atividades repetitivas e monótonas. Se possível, diga que eles não são pagos para pensar.

4. **Exija tarefas impossíveis**: você quer ou não quer estressar sua equipe? Exija a solução de problemas para os quais você sabe que seus funcionários não estão preparados. Não acompanhe a realização do trabalho e não os apoie nas dificuldades. Dê um prazo bem apertado para a conclusão da tarefa e poucos recursos financeiros e logísticos. Se tudo der errado, culpe a equipe por falta de iniciativa e de comprometimento.

5. **Não compartilhe conhecimentos**: não ofereça oportunidades de aprendizagem e nem permita o acesso a informações relevantes. O que você sabe, guarde para si. Cursos, palestras, leitura e atividades andragógicas, nem pensar. Cada um que desenvolva sua empregabilidade!

6. **Não ofereça oportunidades de carreira**: faça sua equipe ver que serão necessários de 10 a 20 anos para que eles atinjam uma posição de maior responsabilidade na empresa. Se os integrantes da equipe forem da geração Y, melhor ainda, eles ficarão ainda mais desmotivados! Quando eles reclamarem, diga que você começou na empresa com 15 anos, como *office-boy*, e que agora, aos 40, será promovido a gerente de almoxarifado.

7. **Desestimule a inovação**: quando um funcionário vier com uma ideia nova, repita em tom de voz monocórdio: "Isto sempre foi feito assim." Se a frase não for suficiente para desestimulá-lo, ouça o que ele tem a dizer (com ar visivelmente entediado), receba os papéis ou arquivos que ele lhe trouxe e engavete-os imediatamente, de forma que o funcionário veja que foram deixados de lado. Diga: "Assim que tiver um tempinho, dou uma olhada." E retome suas atividades sem levantar os olhos.

8. **Transforme seu escritório no purgatório**: equipamentos ultrapassados, móveis desconfortáveis, ar-condicionado precisando de manutenção (*splits* nem pensar!), café frio, barulho, confusão e, se possível, umidade. Recomendam-se pouca luz, salas sem janelas (funciona bem para desmotivar os claustrofóbicos), impressoras antigas e barulhentas, infiltrações e computadores lentos. Eles farão qualquer talento bater em retirada.

9. **Pague mal e ameace demitir**: sua frase de efeito deve ser: "Está descontente com o salário? Há milhares de pessoas lá fora, melhores do que você, que dariam a vida por um emprego destes!" Assim, além de conformar-se com a baixa remuneração, o funcionário terá certeza de que é apenas mais um entre a multidão, e que poderá ser descartado a qualquer momento. Remuneração variável, programas de incentivos e benefícios, participação nos lucros? Somente se a lei exigir. Você não quer que o colaborador se sinta especial quer?

10. **Mostre-se ambíguo quando falar em metas:** não deixe as metas claras, explique-as de forma confusa, não defina prazos nem critérios, muito menos recursos. Peça coisas diferentes para diferentes funcionários (em relação à mesma tarefa, é claro). Se o seu funcionário ficar em dúvida em relação ao que deve ser feito, ou como deve ser feito, não torne a explicar. Ele deveria ter entendido na primeira explicação. Se ele falhar, puna-o imediatamente, de preferência em público.

5 Motivação no futuro

Empresários reclamam que não encontram funcionários dispostos a realizar suas tarefas com empenho, ainda que por bons salários. Funcionários se queixam de que o trabalho é extenuante, monótono, estressante e mal remunerado.

Onde está o grande nó da desmotivação?

Independentemente de questões políticas, econômicas e sociais, existe uma grande quantidade de tarefas no mundo do trabalho que são, para a maioria das pessoas, muito chatas e cansativas!

Conforme afirmou Jeremy Rifkin[6] em seu livro *O Fim dos Empregos*, a tecnologia não salvou os homens de tarefas desgastantes, perigosas e entediantes.

A automação dos bancos tornou o trabalho bancário mais agradável? Não. Postos de trabalho foram eliminados, mas os funcionários remanescentes trabalham com muito mais intensidade em tarefas que seguem a mesma lógica.

Os códigos de barras agilizaram o trabalho dos caixas de supermercados e otimizaram os controles financeiros e de estoques, mas não tornaram o trabalho dos operadores de caixas mais desafiador ou estimulante.

Homens continuam empregando sua força física para carregar caminhões de mudanças. Garis correm atrás dos caminhões de coleta de lixo por quilômetros e lançam pesados sacos de lixo nas caçambas. Nos aviários, os trabalhadores sofrem com o frio, a umidade, o mau cheiro, o esforço físico e os movimentos repetitivos. Nas minas de carvão, dezenas – senão centenas – de trabalhadores morrem todos os anos em desabamentos e explosões. Policiais arriscam a vida por um salário nada atraente e utilizam equipamentos ultrapassados. No comércio e na indústria, há relatos de assédio moral e de assédio sexual. Empresas de terceirização chegam aos tribunais do trabalho de todo o país por não terem pago os direitos trabalhistas a seus funcionários. Como é possível esperar que a grande maioria dos trabalhadores se sinta motivada?

Por outro lado, **a expectativa de muitos trabalhadores de todos os níveis de realizar somente tarefas interessantes e agradáveis é totalmente ilusória**! Até CEOs fazem alguma atividade que não gostariam de fazer.

Há muito caminho a percorrer até que todos os trabalhadores possam se concentrar em atividades estimulantes.

A primeira questão é educacional. Para executar atividades complexas, é preciso conhecimento.

A segunda questão é a relação custo-benefício do emprego de tecnologias economizadoras de mão de obra. O que é mais vantajoso do ponto de vista financeiro: implantar determinada tecnologia de produção ou manter operários humanos?

A terceira questão é econômica e política. Onde realocar os trabalhadores deslocados pela evolução tecnológica? Haverá lugar para todos?

A quarta questão, e talvez a mais importante, é cultural e política. Uma sociedade que estimula o consumo de massa terá sempre produção em massa e, logo, tarefas repetitivas e monótonas. Talvez na sociedade do futuro possa ser desejável consumir menos e com mais qualidade, originalidade e sofisticação, o que abriria possibilidades para que os trabalhadores criativos e talentosos exercessem suas habilidades. Algo como o sonho nostálgico da produção artesanal associado à sedução do desenvolvimento tecnológico.

No futuro, os clientes vão adorar falar diretamente com operadores de *call centers* sem *script*, sem menus, com soluções para os problemas e com um atendimento humano e personalizado. Alguns elementos da nossa sociedade em transformação já apontam para esse cenário. A customização de produtos, os apelos dos ecologistas pela redução do consumo exagerado, o respeito à diversidade e os investimentos em pesquisa são elementos ensejadores de profissões mais atraentes, desafiadoras e estimulantes.

Só com muita motivação certas coisas acontecem

O professor e pesquisador Renato Zamora Flores é responsável pela disciplina de genética do comportamento no curso de Biologia da Universidade Federal do Rio Grande do Sul. Seu trabalho é desenvolvido no Campus do Vale, uma vasta extensão territorial na qual a farta vegetação se mescla aos prédios antigos das faculdades de cursos variados. Em meio a cimento e verde, há abundante vida animal, o que inclui uma população variável de cães e gatos de rua. Através de um grupo de voluntários que procurava cuidar dos animais, Renato tomou conhecimento de que estes corriam perigo.

Alguns cães foram atropelados, espancados, envenenados ou, simplesmente, não conseguiam alimentar-se suficientemente. Outros, ainda, tinham infestações comuns aos animais de rua, como sarna, pulgas e carrapatos.

Renato e o grupo de voluntários criaram um projeto chamado Patas Dadas, através do qual recolhe, trata, vacina, vermifuga, alimenta e encaminha para adoção os animais do Campus.

Na sala de aula de Renato, podem ser vistos cães carinhosamente apelidados de professores assistentes. Em seu sítio, há dezenas de animais que circulam livremente nos dias de sol, além de alguns que se aquecem próximos à lareira nos dias de inverno.

Renato cumpre sua carga horária na graduação, nos cursos de pós-graduação, faz pesquisa e extensão. Não recebe verbas fixas para alimentar e cuidar dos animais. As casinhas de cachorro foram construídas na base do improviso e da boa vontade.

Apesar das dificuldades, ele arruma tempo, recursos e disposição para o Patas Dadas. Como ele consegue? Motivação é a palavra-chave. Renato adora animais e não aceita que eles sejam maltratados sob suas barbas.

Luciele Ceconello faz parte da equipe do Patas Dadas. Trabalha durante o dia, estuda à noite e nos finais de semana pode ser encontrada em feiras de doações de animais. Luciele se apaixonou pela cadelinha Dercy, uma vetusta e simpática vira-latinha, adotada há alguns anos. O que a motiva? A vontade de ajudar os animais e o grande amor que tem por eles.

Para conhecer, adotar, doar, dar carinho, acesse:

www.patasdadas.wordpress.com
www.facebook.com/patasdadas
www.youtube.com (conhecendo a UFRGS – Patas Dadas)
http://twitter.com/patas_dadas

Motivação

Vamos ao trabalho: os casos

Caso em uma instituição pública

Mário trabalha há 23 anos em uma instituição pública de renome. Seu cargo está em vias de extinção, devido a uma reestruturação de carreira. Assim, suas atividades vêm sendo restringidas, e sua equipe vem minguando a cada ano. Sua chefia ainda não sinalizou nenhuma possibilidade de que ele venha a assumir novas funções, muito embora tenha lhe perguntado diretamente sobre seu futuro profissional. Mário não quer pedir exoneração porque tem estabilidade, um excelente salário e está em vias de se aposentar. Diante desse quadro, Mário se vê completamente desmotivado. Não tem mais vontade de acordar cedo para ir trabalhar, e os domingos à noite se tornaram o prenúncio de um martírio. Para ele, ficar parado grande parte do tempo, sem nenhuma tarefa significativa para fazer, não só é tedioso como humilhante. Mário sente sua energia escoar por entre seus dedos diariamente. A esposa relata que ele parece deprimido, desanimado e apático.

1. O que você faria se fosse Mário?
2. O que você faria se fosse o gestor da área de Mário?
3. Quais os fatores que propiciam a existência desse tipo de situação nas instituições públicas?
4. Esses casos podem acontecer em instituições privadas?
5. O que a instituição poderia fazer para prevenir esse tipo de ocorrência?

Caso em uma instituição privada

Sônia é gerente de produção em uma indústria de produtos eletrônicos. Sua equipe é composta por mais de uma centena de trabalhadores com formação acadêmica de nível médio e perfis biográficos variados: há desde homens aposentados que voltaram a trabalhar para reforçar a renda familiar até jovens que pagam seus estudos com seu próprio salário e sonham com um futuro profissional melhor. A empresa conta também com um número significativo de trabalhadores que foram desligados de uma indústria automobilística que entrou em crise.

O treinamento dos recém-contratados é de uma semana. Após esse período de instrução técnica no próprio local de trabalho, os funcionários iniciam suas atividades, sendo designados para um dos setores especializados, nos quais permanecem até segunda ordem.

Cada grupo de 20 trabalhadores conta com um encarregado de seção, oriundo do próprio grupo e escolhido pela direção da empresa. Os encarregados também possuem perfis variados e gerenciam seus times a sua própria moda.

A remuneração é fixa, os salários estão na média do mercado e os benefícios são os estabelecidos por lei.

A avaliação de desempenho é composta por um formulário padrão, desenvolvido há alguns anos por uma estagiária da área de RH, que é preenchido pelos encarregados e enviado ao Departamento de Pessoal, que compila os dados. Após o levantamento dos dados, o DP envia um relatório para a diretoria e para Sônia, a gerente de produção. Se houver algum dado muito discrepante, Sônia intervém, chamando o funcionário cuja avaliação foge aos padrões esperados.

Sônia percebe que os trabalhadores têm andado desmotivados. O número de ocorrências de atrasos, faltas, acidentes e atestados médicos é muito alto em comparação ao de outros departamentos da mesma empresa.

1. Se fosse Sônia, o que você faria para diagnosticar a causa da desmotivação dos trabalhadores?
2. Quais as hipóteses que você levantaria sobre as causas da desmotivação dos trabalhadores?
3. O que poderia ser feito para melhorar os níveis de motivação da equipe?
4. Os problemas de desmotivação são específicos dessa indústria e da área de produção ou você imagina que possam surgir em outros ambientes? Quais, e por quê?

Caso em uma pequena empresa[7]

Tamara é dona de uma confeitaria artesanal sofisticada, especializada na produção de *cupcakes*. Ela iniciou suas atividades após a realização de um curso de confeitaria na França, e, aproveitando a tendência do mercado de valorizar os *cupcakes*, resolveu conciliar seus talentos culinários com seu senso estético, criando apresentações refinadas para seus famosos bolinhos.

Inicialmente, Tamara contava com o apoio de sua irmã, Melina, uma admiradora do seu trabalho e aficionada por culinária, embora com tendências menos requintadas. Melina concordou em seguir a linha chique da irmã, e o pequeno empreendimento logo se transformou em um ponto de encontro em um dos bairros mais exclusivos do Rio de Janeiro. Com o sucesso, surgiu a necessidade de contratar mais funcionários. Tamara e Melina concordaram com a ideia de contratar jovens talentosos, formados em alta culinária e identificados com produtos feitos para um público exigente.

Assim, a Special Cupcakes contratou Elias, Damaris e Paola, três jovens confeiteiros talentosos, premiados em concursos no norte do país. O processo de seleção dos novos funcionários foi realizado através de um desafio: cada candidato deveria fazer um *cupcake* inédito a partir de ingredientes oferecidos por Tamara, sem conhecimento prévio dos participantes. Os três escolhidos criaram *cupcakes* deliciosos, leves e de apresentação impecável, o que indicou seu potencial inovador e definiu a contratação.

Os primeiros meses de trabalho foram de muito entusiasmo e agitação. Os novos confeiteiros rapidamente absorveram a rotina da empresa, se adaptaram ao ritmo de trabalho e conheceram o perfil da clientela. Porém, após o período inicial, os jovens confeiteiros pareciam desmotivados. Elias propôs que fossem criados alguns *cupcakes* maiores, a pedido da clientela, mas Tamara opôs-se firmemente, alegando que a medida iria ferir os princípios básicos de sua confeitaria. Damaris e Paola inventaram novas coberturas e recheios para os *cupcakes*, com aparência divertida, para agradar ao público infantil, mas a ideia não foi incentivada nem por Tamara nem por Melina. O clima começou a ficar tenso, e há rumores de que os três confeiteiros, liderados por Elias, iriam pedir demissão e abrir uma nova confeitaria a duas quadras da Special.

1. O que está causando a desmotivação da equipe?
2. Quais os erros que Melina cometeu ao compor sua equipe?
3. De que forma a situação pode ser revertida?
4. Melina e Tamara devem deixar que sua equipe crie uma empresa concorrente?
5. Em caso negativo, como reter os três confeiteiros?

Caso em uma empresa familiar[8]

Eduardo é um jovem arquiteto com grande talento artístico. Além de desenvolver projetos paisagísticos para condomínios e residências, dedica-se à pintura a óleo e às aquarelas, e, nas horas vagas, assessora o curador de um museu de arte moderna. Sua rotina é voltada para o estudo da arte e o desenvolvimento de técnicas que promovam o embelezamento de ambientes dos mais diversos tipos.

O pai de Eduardo é dono de uma grande empresa de engenharia que recentemente se associou a uma multinacional. A estratégia da empresa é a de expandir os negócios e dominar os mercados de construção para as classes B e C no centro e no norte do país.

Além disso, a Construtec é uma empresa com uma cultura fortemente voltada à redução de custos e ao aumento de produtividade. Os apartamentos construídos por essa construtora são compactos e se utilizam de materiais alternativos, com custo reduzido. Os prédios de diversas torres comportam um grande número de apartamentos, e há áreas comuns de lazer. As plantas são padronizadas, e as fachadas, simples. "Nosso negócio é ganhar na quantidade, não na sofisticação. Temos de ter foco no nosso público, e é isso que ele pode pagar e que o deixará satisfeito", diz Ronaldo, sócio majoritário da Construtec, e pai de Eduardo.

Com essa estratégia de negócios, somada ao aquecimento do mercado imobiliário e às novas regras de financiamento criadas pelo governo para estimular a aquisição da casa própria, a Construtec dobrou de tamanho em poucos anos. Ronaldo já não consegue dar conta sozinho da sua parte no negócio e pensa em buscar o apoio de um dos filhos.

Raquel, a filha mais velha, é advogada, tem seu próprio escritório e já atende a empresa do pai em algumas causas. Ela se dispõe a continuar a prestar assessoria jurídica à Construtec, mas pretende manter seu contrato com outras empresas e seu escritório aberto ao mercado. Ronaldo não insiste na exclusividade dos serviços de Raquel porque pensa que um executivo de uma construtora deve ser do sexo masculino. "Obra é lugar para homem!", ele sempre afirmou.

Rubens, o filho do meio, formou-se em medicina e está morando em Chicago, onde foi contratado por um hospital de referência em cirurgia plástica reparadora, a área de interesse do rapaz.

Finalmente, restou Eduardo. Embora não tenha formação em Engenharia, como gostaria seu pai, Eduardo é arquiteto e pode perfeitamente trabalhar em uma construtora.

O pai faz o convite para que Eduardo assuma uma posição executiva na empresa e fica surpreso com a relutância do rapaz. Não entende como ele pode não estar entusiasmado com uma posição que oferecerá *status*, altos ganhos financeiros e poder decisório.

Eduardo não quer magoar o pai, mas sente-se completamente desmotivado para a função. As fachadas sem charme, os espaços compactos e as áreas de lazer padronizadas ferem o senso estético de Eduardo. Seus projetos arquitetônicos são caros demais para a filosofia da Construtec. Os engenheiros da empresa parecem carecer de preocupação com o estilo das obras, preocupando-se apenas com os custos de construção.

1. Que motivos levam o pai de Eduardo a não perceber as razões da desmotivação do filho para assumir um cargo executivo na Construtec?
2. Quais as principais razões para a desmotivação de Eduardo?
3. O que você faria se fosse Eduardo?
4. O que você faria se fosse Ronaldo?
5. Quais as possíveis consequências da efetivação de Eduardo na Construtec?
6. Quais as alternativas possíveis para preservar os laços familiares, garantir a continuidade do negócio de Ronaldo e desenvolver os talentos de Eduardo?

Questões para discussão

1. Por que a motivação da equipe é hoje é uma das principais preocupações das empresas?
2. Qual você considera a principal fonte de desmotivação dos jovens nas empresas contemporâneas?
3. E de motivação? O que mais motiva a Geração Y?
4. E em relação à Geração X, quais os principais fatores de motivação e de desmotivação nas organizações contemporâneas?
5. O que as organizações podem fazer para motivar grupos diversos?
6. Qual a participação da empresa e qual a participação dos indivíduos no processo motivacional no trabalho? O que é responsabilidade de cada um?
7. Qual o papel do gestor na motivação de suas equipes?
8. Por que é mais complexo desenvolver programas motivacionais nas empresas contemporâneas?
9. De que forma a remuneração variável pode ser motivadora e de que forma pode ser desmotivadora?
10. Qual a influência de uma liderança negativa na motivação de uma equipe?

BIBLIOGRAFIA E NOTAS

1. HERZBERG, Frederick. *Motivation to work.* New Jersey: Transaction Pub, 1993.
2. MASLOW, Abraham Harold. *Motivación y personalidad.* Barcelona: Diaz de Santos, 1991.
3. McGREGOR, Douglas. *O lado humano da empresa.* São Paulo: Martins Editora, 1999.
4. McCLELLAND, David C. *Human motivation.* New York: Cambridge University Press, 1988.
5. CSIKSZENTMIHALYI, Mihaly. *Gestão qualificada:* a conexão entre a felicidade e os negócios. Porto Alegre: Bookman, 2004; CSIKSZENTMIHALYI, Mihaly. *Flow.* Simon & Schuster, 2002.
6. RIFKIN, Jeremy. *O fim dos empregos:* o declínio inevitável dos níveis dos empregos e a redução da força global de trabalho. São Paulo: Makron Books, 1995.
7. Caso inspirado no programa *A Guerra dos Cupcakes,* apresentado pelo canal Discovery Home and Health.
8. Caso inspirado no livro de FUERSTENTHAL, A. H. *Psicocrítica do cenário contemporâneo:* ficção, política, administração e psicologia. São Paulo: Tama, 2001.

LEITURAS RECOMENDADAS

COBRA, Nuno. *A semente da vitória.* São Paulo: Senac, 2007.

COSTA, Silvia Generali da. *Psicologia aplicada à administração.* Rio de Janeiro: Campus, 2010.

MASLOW, Abraham. *Maslow no gerenciamento.* Rio de Janeiro: Qualitymark, 2000.

_____. *El hombre autorrealizado.* Barcelona: Editorial Káiros, 2004.

PINK, Daniel. *Motivação 3.0.* Rio de Janeiro: Campus, 2010.

RIFKIN, Jeremy. *A era do acesso:* a transição de mercados convencionais para *networks* e o nascimento de uma nova economia. Tradução Maria Lúcia G. L. Rosa. São Paulo: Makron Books, 2001.

_____. *O século da biotecnologia:* a valorização dos genes e a reconstrução do mundo. Tradução Arão Sapiro. São Paulo: Makron Books, 1999.

ROBBINS, Stephen P. *Comportamento organizacional.* 8. ed., Rio de Janeiro: LTC, 1999.

_____. *Administração:* mudanças e perspectivas. Tradução Cid Knipel Moreira. São Paulo: Saraiva, 2000.

SITES SUGERIDOS

https://www.facebook.com/CanalGeracaodeValor

VÍDEOS SUGERIDOS

www.ted.com/talks

- Dan Pink e a surpreendente ciência da motivação - Daniel Pink.
- Por que fazemos o que fazemos – Tony Robbins.

7

Comportamento Organizacional Baseado em Tecnologias de Informação e de Comunicação

"Quem envia o que quer recebe o que não quer."
Ditado popular da internet.

Objetivos do capítulo

- Discutir as formas por meio das quais a tecnologia de informação modificou o comportamento organizacional.
- Discutir o papel do líder de equipes remotas.
- Verificar as relações entre cultura organizacional e era digital.
- Debater as características das relações interpessoais nas organizações na era digital.
- Apresentar tendências em relação à gestão da diversidade e às preocupações éticas na era digital.

Um editor comanda publicações no Brasil e no exterior. Define temas para publicação, contata com os autores, acompanha os trabalhos. Atualmente ele reside nos Estados Unidos, mas já morou na Noruega, na Nova Zelândia e no Brasil. Como ele consegue? O trabalho de um editor como esse é um exemplo de Comportamento Organizacional na era digital. Com as tecnologias de comunicação disponíveis, não há mais necessidade de contato presencial para que as coisas aconteçam. Skype, LinkedIn, Facebook, MSN, iPhone e outras ferramentas permitem a integração de equipes e de parceiros em ambientes remotos. De Boston, o editor oferece *feedback* aos autores sobre seus trabalhos, define diretrizes, cronogramas, acompanha resultados. Os autores sentem falta de um contato pessoal? Claro! Quem não gosta de um bom bate-papo? (me parece uma expressão adequada para contatos presenciais regados a café). Entretanto, para o andamento do trabalho, a presença física do editor não faz nenhuma falta. Dúvidas podem ser sanadas por *chat* (nada de bate-papo!) ou telefone, e o resultado do trabalho é indiscutível. Bem, parece que a era digital leva a uma separação entre o *chat* e o bate-papo, entre o trabalho e o lazer, entre jogar uma boa conversa fora e discutir pontos específicos do trabalho, entre compartilhar um café e... não poder compartilhar um café!

1 Novas formas de comportamento organizacional na era digital

As tecnologias de informação disponíveis já são bastante sofisticadas, alterando as formas de relacionamento e o comportamento de pessoas, dentro e fora das organizações.

Adolescentes sentados lado a lado em um restaurante se comunicam por mensagens de texto. Crianças criam seus Facebooks (embora isso não seja legalmente permitido) para se comunicarem com os colegas de escola. Alunos de ensino superior não conseguem mais realizar uma pesquisa acadêmica sem acesso à rede. Relacionamentos afetivos iniciam e terminam via web. Parcerias de negócios se estabelecem da mesma forma.

As empresas, ao mesmo tempo acompanhando e impulsionando esse movimento, se utilizam cada vez mais de recursos tecnológicos para obter, criar, sistematizar e analisar dados e para estabelecer canais de comunicação com clientes, fornecedores e funcionários. Essas tecnologias vêm alterando a forma como se pensa e se manifesta o comportamento organizacional. Seria esta a era do e-CO? Do Comportamento Organizacional digital?

1.1 Liderança de equipes remotas

O *e-mail*, o MSN, as mensagens de texto via celular e o Skype aceleraram e alteraram definitivamente a comunicação nas organizações.

Em primeiro lugar, essas tecnologias romperam com as barreiras temporais e espaciais do trabalho. É possível trabalhar a qualquer hora, em qualquer lugar. O que os funcionários ganharam em agilização do trabalho podem vir a perder em qualidade de vida se estiverem 24 horas por dia conectados às necessidades da empresa. Há uma nítida intensificação do trabalho. Por outro lado, há ganhos em conforto e deslocamento. Poder trabalhar em casa é ótimo. Ter de trabalhar no tempo livre não é nada bom.

Esse fenômeno ensejou um novo cenário para o exercício da liderança: a liderança de equipes remotas. Como supervisionar pessoas com as quais não se tem contato físico? Para os brasileiros, com uma tradição cultural centralizadora, personalista e afetiva, não estar perto da equipe pode ser um problema. Como saberei se meus funcionários estão de fato trabalhando? Se eles estão fazendo bom uso dos equipamentos que a empresa disponibiliza? Como estabelecer um vínculo de confiança entre líder e equipe e como exercer influência via *e-mail*? Como demonstrar meu carisma? Essas são algumas das perguntas que muitos gestores de equipes remotas vêm se fazendo.

Bem, vamos primeiro lembrar o porquê da existência dessas equipes. Equipes remotas permitem ampliar a abrangência geográfica da empresa. Essa disposição também facilita a proximidade dos funcionários junto aos clientes. Não abrigar todos os colaboradores em um edifício sede e não ter de visitar com frequência colaboradores distantes reduz os custos das operações de forma significativa. Por que não se fez essa opção anteriormente? Porque não havia tecnologias de comunicação que permitissem o trabalho entre equipes distantes. Simplesmente.

Entretanto, somente a existência de tecnologias de informação não garante o sucesso do modelo. É necessária uma mudança cultural. Os gestores que querem ser líderes de equipes distantes e os funcionários que almejam sucesso em suas carreiras em localidades remotas devem adotar as seguintes premissas:

a. O funcionário, não importa o quanto seja ou não controlado de perto (perto aqui no sentido literal), tenderá a desenvolver seu trabalho com compromisso e **responsabilidade**.

b. **Nenhum mecanismo de controle (presencial ou virtual) é cem por cento eficaz.**

c. As tecnologias de informação permitem a criação e manutenção de um **vínculo** entre as pessoas, de forma diferente do que o vínculo estabelecido pessoalmente, mas, ainda assim, um vínculo.

d. Nada substitui contatos **presenciais** esporádicos, principalmente em situações de crise, mudança radical e emergências.

e. A **linguagem** virtual deve ser mais objetiva e direta, não dando margem a mal-entendidos. Os registros permanecem, e pode não haver uma oportunidade de desfazer enganos.

f. O **tempo** é precioso. Assim como não se "joga conversa fora" pessoalmente, também não se "entope" a caixa de mensagens com o que não é essencial e nem se escrevem mensagens muito longas.

g. As tecnologias devem ser **sincronizadas** para que todos possam se comunicar efetivamente. Uma adequada manutenção de *hardwares* e *softwares* e o treinamento dos usuários, bem como uma central de suporte, são essenciais para evitar, por exemplo, que reuniões via Skype fracassem.

h. **Internet**? A serviço da empresa. Não viaje na web sem necessidade.

i. Acionar o chefe ou o subordinado em **horários** muito além do expediente (ou antes do nascer do sol) não é bem-visto por ninguém. Deixe o colega descansar, a não ser que a empresa esteja pegando fogo. Nesse caso, considere a hipótese de ligar antes para o Corpo de Bombeiros.

j. A tendência atual é de que os funcionários sejam cobrados por **resultados** e não por hora trabalhada. Assim, se o seu funcionário está no cinema quando deveria estar em seu *home-office,* mas já entregou o relatório de hoje e não tem ninguém dependendo de decisões e de ações suas, tudo bem.

k. **O relacionamento remoto pode estimular gestor e funcionários a organizar de forma mais eficaz suas agendas e demandas**, uma vez que não poderão pedir "uma ajudinha" a qualquer hora. O processo de organizar pautas de trabalho, definir prioridades e objetivar as demandas leva a uma melhor racionalização do tempo e, consequentemente, a um aumento de produtividade.

Pense no tempo que você economiza não tendo de esperar seu voo, e no dinheiro poupado com transporte, alimentação e hospedagem, e você logo será um entusiasta dos relacionamentos profissionais remotos.

Mas, seja de forma presencial ou remota, o que faz de alguém um líder? Carisma? Cargo? Conhecimento? Redes de relacionamento?

Já dissemos que um líder é alguém capaz de exercer influência sobre outras pessoas em relação à forma de pensar e ao comportamento.

A influência a partir do cargo não se altera, seja ela exercida de forma virtual ou presencial. Se um diretor rabisca um bilhete ou digita um *e-mail*, o impacto da mensagem sobre os funcionários pode ser exatamente o mesmo.

O poder de especialista, aquele gerado pelo **conhecimento**, por sua vez, adquire diferentes nuances na era digital. Hoje o conhecimento é compartilhado com muito mais facilidade. Professores divulgam os *slides* de aula para os alunos via rede. Gestores compartilham relatórios mensais de vendas da mesma forma. Funcionários repassam aos colegas artigos e textos que adquiriram através de seminários e cursos. Livros são baixados pela internet. Na web se acha praticamente qualquer informação e se aprende praticamente de tudo. Vide os cursos de inglês *on-line*. Guardar o que foi aprendido para si mesmo está cada vez difícil e indesejável. As empresas hoje buscam a aprendizagem organizacional e a gestão do conhecimento. Compartilhar é a tônica do momento.

Então, os especialistas deixaram de exercer influência? Não, muito pelo contrário. Com um acesso tão farto à informação e a pressa por resultados, há a tendência de que se forme um exército de generalistas e que poucos tenham condições de dedicar tempo suficiente para o aprofundamento de alguma matéria. Os verdadeiros especialistas serão sempre consultados.

Quanto às redes de relacionamentos, observa-se que as tecnologias de informação facilitaram o acesso não só a qualquer tipo de dado, democratizando, de certa forma, o conhecimento, mas também facilitaram sobremaneira os contatos entre pessoas conhecidas e desconhecidas. O tão desejado *networking*, fonte de novos negócios e oportunidades de trabalho, é hoje amplo e eficiente graças à internet e às redes sociais. Hoje é possível trabalhar com pessoas de qualquer lugar do mundo, sem jamais tê-las visto ao vivo. Formar uma boa rede de relacionamentos se tornou muito mais acessível.

E o **carisma**? Como exercê-lo via web? Talvez esse seja um dos pontos mais interessantes a ser pensado em termos de liderança e gestão. O conceito tradicional de carisma envolve um certo olho no olho, uma comunicação não verbal, um gesto sutil, uma palavra adivinhada, um movimento insinuado. Como fazer esses movimentos em meio digital? Pergunte aos grandes líderes políticos carismáticos, que chegam ao eleitor somente através da televisão. Eles não estão frente a frente com todos os eleitores, são vistos ao vivo com pouca frequência, e, ainda assim, são considerados líderes. Como eles exercem sua influência somente através de imagens e palavras transmitidas por TV ou computador?

Os gestores não contam com os recursos para exercer o tipo de influência virtual que os políticos costumam utilizar: os recursos de mídia. Imagens estudadas, trilha sonora, efeitos visuais, tudo isso serve para reforçar a imagem de carisma do candidato político.

Naturalmente, o gestor não irá introduzir uma trilha sonora cada vez que entrar no Skype para uma reunião. Muito menos sua imagem entrará em câmera lenta, rodeado de elementos de estímulo (se no caso dos políticos as crianças sempre emocionam o eleitor, o que emocionaria os subordinados? Imagens de bônus de final de ano sendo distribuídos?).

O gestor exercerá seu carisma nos contatos virtuais por meio de quatro elementos: (a) linguagem escrita clara, objetiva e motivadora; (b) capacidade de comunicação verbal; (c) aparência e postura no vídeo; e (d) agilidade e resultado nas comunicações.

O colaborador virtual escreve um *e-mail* ou agenda uma videoconferência quando necessita de uma resposta imediata ou precisa discutir uma pauta importante. Assim, **o que a equipe espera de um líder efetivo é que ele atenda prontamente às suas**

demandas, com clareza e de forma resolutiva. Demorar para responder mensagens, enviar mensagens do tipo "na semana que vem envio *e-mail* com informações" são atitudes que podem transmitir uma imagem de descomprometimento ou incapacidade.

Quanto à aparência pessoal, em uma reunião virtual com áudio e vídeo, é importante pronunciar as palavras claramente, com boa dicção, alternando o tom de voz e cuidando da postura corporal e dos trajes utilizados. Cuidado com as cores de sua roupa. Dependendo das cores do fundo (paredes, móveis, aberturas) e da luminosidade do local, os resultados podem ser um contraste (ou uma falta de contraste) indesejável.

Finalmente, motivar por *e-mail* é uma arte (assim como motivar pessoalmente também é!). Conhecimento, respeito, preparação e agilidade são caminhos importantes no desenvolvimento de habilidades de motivação por meios virtuais.

1.2 Cultura organizacional e a era digital

Para que uma empresa entre de vez na era digital, a cultura organizacional deve passar por alguns testes de compatibilidade.

A cultura da sua empresa reforça a liderança **centralizadora, controladora e autoritária**? Problemas à vista. **É possível exercer um controle virtual ainda mais cerrado do que o controle exercido de forma presencial.** Basta instalar um *software* de controle de fluxo de trabalho, por exemplo. Entretanto, ninguém garante ao gestor desconfiado que o seu funcionário está se dedicando vinte e quatro horas por dia ao trabalho. Só os resultados são garantidos. A cultura hora-homem-cadeira tem de ser abandonada.

A cultura da sua empresa **não incentiva a inovação tecnológica**? Mais problemas à vista. As tecnologias de comunicação e de informação estão em mudança constante, e quem não tiver gosto por novidades eletrônicas terá dificuldades nos ambientes de negócios digitais.

Se a cultura da sua empresa é uma **cultura de desconfiança**, mais problemas ainda. Nessas culturas, tudo deve ser registrado em papéis, arquivado em três vias, por várias pessoas, em locais diferentes. Vá que se precise de uma cópia, não é?

Algumas culturas com **ênfase extrema no relacionamento social** também terão dificuldades em operar através de estações remotas. Há equipes que se mantêm unidas pela proximidade que os jogos de futebol, os almoços compartilhados e as comemorações de aniversário proporcionam. Mais do que qualquer outra coisa, essas equipes valorizam a presença de todos os membros em seu trabalho e em suas vidas.

A empresa **contrata pessoas avessas a novos equipamentos eletrônicos**? A cultura não trata a familiaridade com a tecnologia como um pré-requisito obrigatório de adaptação ao ambiente? Essa empresa encontrará dificuldades em implantar novos sistemas e meios de comunicação.

Finalmente, se os gestores se sentem muito à vontade ao serem cercados de *staff*, se **a cultura local associa poder e prestígio à presença de subordinados**, informatizar alguns processos e repassar aos líderes tarefas que poderiam ser executadas por terceiros não é uma boa ideia. Quando, nos primórdios da informatização, muitas secretárias foram substituídas por computadores dotados de processadores de texto, operados pelos próprios executivos, ninguém pareceu muito contente. As secretárias porque temiam perder o emprego, fato que, efetivamente, ocorreu com muitas delas; os gestores, porque estavam acostumados a revisar os textos das secretárias e não a produzir os próprios textos. Hoje, não se imagina que a função da secretária inclua produzir e digitar correspondências. Os processadores de texto e o *e-mail* mudaram tudo, inclusive a cultura do *staff*.

1.3 Relações virtuais são impessoais?

Vale a pena nos determos um pouco mais na questão do vínculo entre colaboradores. Algumas pessoas julgam que o contato virtual é impessoal e, eventualmente, empobrecido pela ausência da comunicação não verbal. A entonação de voz se perde em um *chat*. A linguagem corporal pode ficar restrita mesmo que a reunião se dê via Skype. A espontaneidade perde sua vez em um estudado e revisado texto de *e-mail*. Os afetos ficam escondidos.

Será essa percepção verdadeira? Nem tanto.

Observa-se que **muitas pessoas manifestam por escrito (*e-mail*) aquilo que não teriam coragem ou não se sentiriam à vontade para manifestar pessoalmente.** Nos cursos a distância, é comum os alunos se expressarem nos fóruns de maneira muito mais direta e, por vezes, contundente do que fariam se fossem alunos de aulas presenciais.

Também se observa que pessoas que mantêm relacionamentos longos por meios virtuais podem, sim, desenvolver um vínculo que as motive a buscar um contato pessoal futuro.

Em termos de negócios, os *crowdfundings*[1] reúnem pessoas cujos laços são os interesses comuns, manifestados virtualmente, e que perduram enquanto perdurarem esses interesses.

É claro que a tela do computador aceita tudo. Ela pode facilmente ocultar dados da identidade dos sujeitos que se comunicam. Quem já acessou redes sociais e *sites* de relacionamento sabe muito bem disso. Entretanto, no ambiente profissional, há uma série de parâmetros que definem as relações, independentemente dos meios através dos quais ela ocorra. Sabemos de antemão o cargo, o departamento, as atribuições e as responsabilidades de quem se comunica conosco, bem como nossa relação hierárquica com o outro. No âmbito da empresa, isso pode ser suficiente para contextualizar de forma adequada o espaço no qual as relações se desenvolvem.

Quanto aos estilos pessoais, eles acabam por se manifestar virtualmente da mesma forma que se manifestam pessoalmente. Indivíduos prolixos tendem a ser prolixos ao falar e ao escrever. Colegas espirituosos nos fazem rir pessoalmente ou por *e-mail*. Gentileza se expressa de qualquer modo.

Mas há algo interessante nas relações pessoais do ponto de vista da psicologia. A falta de informações que só o contato presencial fornece, como a voz do interlocutor, seu modo de vestir e sua aparência física, propicia a criação de fantasias e ideias diversas a respeito do outro. Nossa mente tende a completar o contexto incompleto através da imaginação, ou seja, a imaginação age onde não há informação (realidade) que explique ou demonstre o que queremos conhecer.

O liberar da imaginação e da fantasia nas relações pessoais enseja também a utilização de um mecanismo psicológico através do qual projetamos na imagem incompleta do outro aquilo que está em nossa mente. Assim, podemos imaginar que um determinado líder é inacessível, ainda que ele não o seja de fato.

Tenha cuidado com isso. **Baseie suas ações e decisões em dados, fatos e evidências, no que realmente foi escrito, transmitido ou gravado. O restante é suposição.**

1.4 Gestão da diversidade a distância

As empresas que adotam comunicações virtuais e escritórios em pontos remotos podem desenvolver uma vantagem em relação à gestão da diversidade. Como muitas vezes não conhecemos pessoalmente nossos colegas de trabalho, formamos uma ideia a respeito deles através de nossos contatos profissionais e dos resultados que eles produzem. Dessa forma, reduz-se o espaço para ideias preconcebidas a respeito de quem é quem e quem é capaz do quê.

Posso descobrir que o brilhante *trainee* que me envia relatórios de grande utilidade via rede usa *piercings*. Quando eu descobrir isso, já terei formado uma opinião positiva acerca de sua competência, ainda que tenha um preconceito em relação aos usuários de *piercings*.

O mesmo vale para diversas outras ideias preconcebidas. Posso atestar a seriedade do meu colega virtual a ponto de imaginá-lo vestindo um terno cinza e uma gravata discreta, ainda que ele esteja acessando a rede de chinelos e bermudas, do seu *home-office*.

Também posso compor uma equipe diversa, somente pelos registros virtuais que identificam os dados antropométricos de cada funcionário, sem ter de viajar para encontrar pessoas de culturas e hábitos distintos.

O encontro virtual foca nos resultados, e não nas características pessoais e na aparência de quem os produz.

1.5 Ética nos relacionamentos profissionais digitais

As comunicações escritas (e registradas para a posteridade) modificaram algumas questões éticas nas organizações. Da mesma forma, os *softwares* de acompanhamento de fluxos de trabalho, processos e resultados abriram portas para o debate sobre os limites do controle da organização sobre os indivíduos.

Reclamatórias de assédio moral ou sexual podem ser embasadas em *e-mails* ou nas imagens de câmeras de segurança. O *workflow*[2] identifica rapidamente onde, quanto (e quem) está na raiz do trabalho atrasado e dos gargalos. Consultores e profissionais de RH consultam o LinkedIn e o Facebook para recrutar e selecionar candidatos. Gestores acionam suas equipes a qualquer momento através de seus *smartphones*.

Você deve estar se perguntando: onde fica a nossa privacidade? Quem tem o direito de ficar me monitorando?

Bem, ainda existe margem para controvérsias quando o tema é ética e privacidade na era da internet. O que parece consenso é que:

- **Tudo aquilo que é postado na rede, para acesso público, pode ser consultado por quem quiser e para o que quiser.** Os consultores em seleção entram, sim, em suas redes sociais para investigar sua vida. Se você não quer que isso aconteça, restrinja o acesso ou tome cuidado com o que vai informar. No caso das redes sociais, não esqueça que há, ainda, a questão da segurança. Pessoas mal-intencionadas estudam hábitos e informações de vítimas em potencial para planejar assaltos, sequestros e golpes.

- Os *softwares* **de controle** de documentos e de fluxo de trabalho são mecanismos de controle da organização sobre as pessoas que trazem, também, benefícios ao próprio funcionário. Como? Através do *workflow*, o funcionário sabe onde está aquele documento de que ele necessita, quem está de posse de uma parte da tarefa que ele precisa concluir ou quanto tempo falta para que o prazo final de uma atividade se esgote. Assim, fica mais fácil para o funcionário acompanhar e agilizar seu próprio trabalho. Para o gestor, os benefícios são indiscutíveis. Entretanto, a ética será respeitada na medida em que a empresa opera por processos, dentro de uma cultura que privilegia "o que está errado" e não "quem está errado" em primeiro lugar. Caso contrário, o *workflow* pode se tornar uma caça às bruxas.

- **Denúncias de assédio sexual ou moral** são frequentemente "tiros na água". Como comprovar que alguém foi ou vem sendo assediado? O assediador, na maior parte das vezes, constrange o assediado em locais reservados, sem a presença de testemunhas. Ainda que o assédio ocorra na presença de outras pessoas, o assediador pode intimidar as testemunhas com ameaças de demissão, caso venham a dar seu depoimento. Nesse contexto, as tecnologias digitais podem ajudar. Manter os registros de um assédio ficou mais fácil. Qualquer celular fotografa aquela imagem obscena colocada sobre a mesa, ainda que seja posteriormente retirada. Os *e-mails* podem ser salvos. As videoconferências podem ficar gravadas. Assim, é produzido um arsenal de provas que pode levar a vítima a obter ganho em um processo judicial contra o assediador e a empresa.

- **Demandas constantes**: quem já não presenciou um colega de turma ter sua atenção desviada dos conteúdos de aula por uma mensagem de sua empresa? Quem não viu alguém na beira da praia resolvendo assuntos de trabalho via *smartphone*? Quem não respondeu a um MSN às onze da noite? Pois é, as tecnologias de comunicação estão, nesses casos, a favor dos gestores ansiosos, *workaholics* e abusivos.

A legislação trabalhista já está atenta a essas questões e pode conceder ganho de horas extras para os funcionários que ficam permanentemente à disposição da empresa. De qualquer forma, vale o que foi dito há pouco. A ética e as boas maneiras exigem respeito para com o descanso e a vida pessoal dos membros da equipe.

Cuidado com a web!

O especialista em segurança Jorge Alberto Alvorcem Pinto, pós-graduado em Gestão de Segurança Privada nas Organizações e tenente-coronel da Reserva da Brigada Militar, hoje é empresário e comanda a Sul Defense, uma empresa especializada em consultoria e treinamento de segurança. No que se refere ao acesso às redes sociais, ele colabora neste capítulo alertando sobre os cuidados que as pessoas devem ter ao navegar na internet, expondo o seguinte:

Quando paramos para pensar no salto tecnológico que o mundo deu nos últimos anos, ficamos impressionados com a nossa inteligência e infinita capacidade de criar e ultrapassar diariamente nossos próprios limites numa velocidade estonteante. O que hoje é lançamento amanhã já estará superado. E no caso da internet, isso fica ainda mais evidente, pois seu advento nos possibilitou o acesso instantâneo a uma gama infinita de informações que antes só era disponível a uma parcela diminuta da população mundial, popularizando-se assim o conhecimento universal.

E como é bom podermos ver e falar em tempo real com alguém que está longe através de uma videoconferência virtual, bastando ter um computador (PC, *notebook*, *tablet* ou *smartphone* com acesso à internet), pelo simples clicar em alguns botões. Isso mudou as nossas vidas e a forma de enxergarmos o mundo.

Contudo, a despeito de toda essa sensação de poder, sedução, magia e liberdade que a internet nos possibilita através da sua maravilhosa "janela virtual" permitindo o acesso fácil e rápido ao conhecimento, às informações, aos aplicativos e à comunicação em geral com as pessoas (independentemente do lugar em que elas estejam no planeta), não devemos esquecer que esse acesso envolve não somente a vontade livre e a diversão instantânea, mas, muito especialmente, exige que saibamos lidar com essa ferramenta de forma consciente e responsável.

Entretanto, nem todos têm a devida crítica e maturidade para separar o mundo real do mundo virtual, e muitas pessoas acabam criando uma falsa sensação de segurança e liberdade, e até mesmo impunidade, coisas que não existem na internet, pois quando acessamos os seus conteúdos, além de deixarmos rastros (como o número de registro – IP – da nossa máquina), estamos expostos a literalmente tudo o que existe no mundo, incluindo pessoas de má índole ou mesmo pessoas criminosas (algumas até de alto risco).

E, entre os internautas mais incautos, uma parcela significativa é composta pelos jovens, que, dado seu comportamento espontâneo e aberto, correm maiores riscos de serem envolvidos por mentes criminosas ou mal-intencionadas, de idade igual ou superior, que usam a internet justamente para captar e fazer suas vítimas, como no caso dos pedófilos, chantagistas, pervertidos, estelionatários de plantão etc.

Nesse particular, muitos jovens acabam usando o espaço virtual como um diário público, postando ali desde informações mais triviais, como os lugares por onde andam com seus amigos, o que gostam ou não gostam, o que pensam do mundo etc., a aspectos mais reservados de suas vidas, chegando a expor fotos íntimas, o que decididamente não é uma boa opção.

Esquecem-se, ou não se preocupam no momento, de que tudo aquilo que postamos na internet, a partir daquele momento, não mais nos pertence e pode ser copiado e manipulado à vontade e reenviado para centenas de milhares de pessoas de todo o planeta em poucos segundos - ato ingênuo e inconsequente que certamente pode trazer arrependimentos no futuro e causar inúmeros problemas e dissabores, tanto no seu círculo de amizades, como no trabalho, comprometendo seu futuro pessoal e profissional. Imagine-se mais adiante um desses jovens, que, tendo escolhido uma profissão no setor público e estando às vésperas de realizar a tão sonhada prova final de um concurso para ocupar um cargo de relevância, é surpreendido pela postagem de uma publicação sua de textos que o prejudiquem ou de foto(s) sua(s) íntima(s) e/ou comprometedora(s). E o que pode acontecer? Adeus carreira. Simples assim. Nada mais natural do que se pesquisar na internet informações sobre as pessoas, especialmente candidatos a vagas de trabalho. Isso é fato.

Dessa forma, convém observarmos algumas regras básicas de comportamento virtual para evitar situações embaraçosas ou perigosas:

1. Conheça bem a sua máquina (PC, *notebook* etc.) e saiba usar suas ferramentas e seus recursos para evitar clicar num ícone errado e ficar vulnerável ou enviar uma mensagem para um destinatário errado.

2. Utilize sempre senhas para acessar o seu computador e as escolha com cuidado, evitando palavras ou caracteres óbvios, como apelidos, datas de aniversário etc. Nesse particular, não deixe que ninguém saiba sua senha, mesmo aquele(a) "amigo(a) do peito". As senhas devem ser individuais. A regra vale principalmente para aparelhos celulares e *notebooks*, pela sua mobilidade e facilidade de acesso.

3. Mantenha atualizado constantemente seu antivírus, antispam etc., e faça uma limpeza sistemática dos seus arquivos. Alguns programas são fundamentais para proteger suas informações e evitar a perda de velocidade na sua máquina.

4. Muito cuidado ao receber e responder *e-mails*, mesmo de pessoas conhecidas. Desconfie e analise com seu antivírus todos e quaisquer arquivos anexos, pois muitos podem conter arquivos maliciosos (*malwares*) e/ou danosos (vírus).

5. Clique com cuidado e leia tudo antes de ir adiante. Muitos aplicativos trazem junto outros que não nos interessam, e basta um só descuido para os instalarmos e depois termos dificuldades em eliminá-los.

6. Muito cuidado e atenção ao se comunicar com pessoas que você não conhece pessoalmente. Lembre-se: existem pessoas especialistas em se "aproximar" de nós e conquistar a nossa confiança para depois fazer alguma maldade. Fique atento. Se proteja.

7. Muito cuidado com o que você posta na internet (fotos, vídeos, textos, sons etc.), pois tudo aquilo que é postado será de domínio público. Isso não tem volta. Inclusive aquela conversa virtual que você teve (teclou) com aquele(a) "amigão(ona)", pois sempre se corre o risco de essa postagem ser maldosamente copiada e reenviada para outras pessoas. Infelizmente isso acontece.

8. No caso específico do Facebook, proteja-se configurando sua página pessoal para bloquear publicações de terceiros sem a sua autorização expressa, pois isso pode comprometer você e/ou lhe causar problemas sérios. Defina também como e quais pessoas podem ver o que você acessa, curte ou publica. Caso tenha dúvidas, procure ajuda de alguém que saiba ou um especialista do ramo.

9. Muito cuidado na escolha de empresas ou profissionais para fazer consertos de manutenção, reparação ou atualizações do seu computador. Se for possível, procure permanecer junto ao técnico enquanto ele trabalha na sua máquina. Se isso não for possível, verifique se tem alguma informação nos seus arquivos que você não queira que outras pessoas tenham acesso, e antes de levar a máquina para o conserto faça uma cópia num CD, DVD ou *pendrive* e apague (delete) esses arquivos da sua máquina. O ideal é ter uma cópia de todo o conteúdo do seu computador salvo em CDs, DVDs ou HD externo, para ser mantido em casa num local seguro.

10. Quando tiver que transitar com seu *notebook* em via pública, você tem que levar em conta a possibilidade real de ser vítima de roubo ou furto. Assim, evite deixá-lo no interior de veículos ou em pastas muito óbvias, que demonstrem o que você está portando. Isso atrai a cobiça dos marginais de plantão. A melhor estratégia é pensar em reduzir ao máximo as informações ali contidas para evitar ou minimizar o risco de essas informações íntimas ou profissionais (p. ex.: arquivos da empresa, como balanços, relação de bens etc.) caírem em poder de criminosos, caso isso aconteça.

11. Ainda com referência às postagens virtuais, não esqueça de que muitas empresas, mesmo que de forma velada, procuram obter informações da internet para contratar ou manter seus funcionários. Embora você acredite que sua vida pessoal é somente da sua conta e você tem

o direito de postar fotos ingerindo bebidas alcoólicas à vontade, fantasiado de qualquer coisa, vestido de qualquer jeito e dizendo tudo aquilo que você quiser (inclusive frases ofensivas e de mau gosto etc.), você está enganado. O "Grande Irmão" está atento e operante sempre, e todos os dias pessoas se dão bem ou se dão mal, justamente por suas postagens e comentários. Pense nisso e repense a sua imagem virtual.

12. Finalizando, cito o trecho final do célebre poema hindu, de autor desconhecido, "Desiderata": *"A vida é feita de encontros que não se repetem, pois cada encontro é outro encontro; preencha cada momento de sua vida com um sentimento do útil e do bem ou do belo, pois cada um é o que faz, o que diz e o que pensa."* Pense nisso e seja feliz.

Para conhecer o trabalho de Alvorcem e obter mais dicas de segurança, incluindo como evitar assaltos, arrombamentos e outros eventos desagradáveis, consulte: www.suldefense.com.br

Vamos ao trabalho: os casos

Caso em uma instituição pública

Giovani é o novo gestor de uma instituição pública. Recém-concursado e vindo de uma grande empresa privada, espantou-se com o fato de que a instituição não contasse com o acesso a computadores para todos os seus membros. Giovani procura a diretoria, que alega falta de recursos no orçamento para a aquisição de equipamentos. Inconformado, o gestor resolve estabelecer uma parceria com uma empresa privada, que doa computadores para o seu setor. A partir daí, a comunicação passa a fluir não mais por bilhetinhos, ou pessoalmente, mas por *e-mail*. Fluir? Essa não é a palavra que melhor descreve como a comunicação acontece no setor de Giovani. O gestor percebe que as mensagens enviadas por *e-mail* são simplesmente ignoradas. Ao investigar as causas, descobre que muitos servidores não sabem operar o *software* de mensagens e que alguns simplesmente "não costumam abrir os *e-mails*" porque "isso toma muito tempo". Além disso, alguns temem que as informações não impressas se percam e não dispõem de papel e tinta suficientes para imprimir todas as informações que recebem e as que enviam.

- O que você faria no lugar de Giovani?
- Por que os servidores estão resistentes ao uso do computador para as comunicações?

- Quais os fatores institucionais que atrapalham o processo?
- E os fatores pessoais?

Caso em uma instituição privada

Gustavo é um *trainee* recém-contratado por uma grande empresa do ramo de embalagens. Inicialmente, Gustavo foi alocado na gerência de marketing e, já nos primeiros dias de trabalho, demonstrou ser capaz de estabelecer um bom relacionamento com a equipe e de tomar iniciativas em prol do atingimento das metas. Tudo ia bem até que, numa segunda-feira, Gustavo chegou atrasado para uma reunião. Ele estava visivelmente abatido e sonolento, e sua participação não foi a esperada. Renata, a gerente de marketing, questionou o *trainee* para verificar a razão do problema. Obteve como resposta que as chuvas torrenciais que atingiram a cidade naquele dia não permitiram que o trânsito fluísse, causando o atraso. O ar abatido e algo distraído foi justificado com uma ligeira indisposição estomacal. Renata não ficou muito satisfeita com as explicações apresentadas por Gustavo. Sua intuição lhe dizia que havia mais alguma coisa. Foi então que ela resolveu acessar o Face de Gustavo e viu que, na véspera, ele havia postado fotos de uma balada com um grupo animado, todos com cervejas em punho, acrescentando a seguinte legenda: "Bebi todas e foi pouco."

1. O que você faria se fosse Renata?
2. Renata tinha o direito de investigar o Face de Gustavo?
3. Há como provar que Gustavo agiu de forma irresponsável na empresa na segunda-feira por conta da balada de domingo?
4. Se você fosse Gustavo e soubesse, por um colega, que Renata acessou seu Face, o que você faria?

Caso em uma pequena empresa

Marta é a dona de uma pequena empresa de confecções. Seu negócio vem crescendo nos últimos anos, e ela já sentiu a necessidade de adquirir um *software* de controle financeiro. Posteriormente, foi a vez do controle de estoques. Agora que a equipe vem crescendo, Marta se pergunta se deveria ter um sistema de informações que a ajudasse a identificar os possíveis talentos para futuras promoções, que abrigasse um banco de dados para seleção, que registrasse as avaliações de desempenho e os resultados dos treinamentos ministrados, entre outros suportes à gestão dos processos de RH. Norberto, seu sócio, alega que esse tipo de sistema é desnecessário para uma empresa tão pequena e que, além disso, não há como integrar o sistema de RH aos demais sistemas. Norberto afirma que as questões de comportamento e desempenho devem ser avaliadas pelo próprio gerente, cara a cara com os funcionários. Marta está em dúvida. Por um lado, aceita a opinião de Norberto, de que a empresa ainda é pequena. Por outro lado, percebe que a empresa está crescendo rapidamente e que daqui a alguns anos pode ser tarde para sistematizar tantos dados.

1. O que você faria no lugar de Marta?
2. Os argumentos de Norberto estão corretos?
3. Até que ponto os sistemas de informação podem controlar o desempenho e o comportamento das equipes?
4. Em sua opinião, qual o momento certo de implantar um sistema de informações gerenciais em uma pequena empresa?

Caso em uma empresa familiar

Maurício é diretor presidente de uma grande indústria de produtos alimentícios, de origem familiar, cuja sede é na Grande São Paulo. Trabalham na empresa a primeira e a segunda geração de familiares. Com a expansão dos negócios, foram abertas filiais em Vitória, Passo Fundo, Resende e Ilhéus. A cada semana, Vitor, o diretor de operações e genro de Maurício, desloca-se até as filiais para acompanhar o desempenho de cada uma delas. O custo de tais viagens tem sido elevado. Além disso, as equipes alegam que, muitas vezes, têm assuntos urgentes para tratar e Vitor está em outra cidade. O próprio Vitor tem se sentido esgotado e desejoso de compartilhar mais momentos com a família. Vera, a esposa de Vitor e filha de Maurício, é a diretora de RH e concorda com o marido no sentido de que o sistema de acompanhamento não está funcionando e é muito oneroso. Vera e Vitor, então, propõem a Maurício que o acompanhamento seja feito *on-line*, através da implantação de tecnologias de informação e de comunicação, e que as visitas sejam feitas esporadicamente. Maurício admite que a situação é difícil, mas é da teoria de que "o olho do dono é que engorda a boiada". Teme que a ausência física de Vitor seja sentida pelas equipes como falta de controle e que em decorrência disso haja problemas de comportamento e de comprometimento. Além disso, não acredita que seja possível avaliar a confiabilidade de um funcionário por meios virtuais.

1. O que você faria no lugar de Maurício?
2. Que argumentos Vitor e Vera podem utilizar para convencer Maurício de que o acompanhamento virtual é desejável?
3. Se você fosse de uma das equipes supervisionada por Vitor, como encararia a mudança na sistemática de acompanhamento?
4. Caso Maurício aceite a proposta de Vitor e de Vera, que cuidados ele deve ter ao implantar o novo sistema?

Questões para Discussão

1. Quais os principais fatores que ensejaram o Comportamento Organizacional virtual?
2. De que forma as tecnologias de comunicação afetam os controles gerenciais?
3. Como a cultura brasileira de ênfase nas relações pessoais pode dificultar a implantação de uma gestão a distância?
4. De que forma as tecnologias de informação afetam as relações de poder nas organizações?
5. Quais as principais diferenças entre as comunicações por escrito (MSN, *e-mail* etc.) e a comunicação pessoal?
6. Quais os cuidados que devem ser tomados para que a comunicação digital seja mais efetiva?
7. Quais as principais características do líder efetivo no mundo digital?
8. Quais os tipos de estrutura organizacional mais favoráveis ao sucesso das estratégias de Comportamento Organizacional virtual?
9. De que forma as tecnologias de informação afetam as relações interinstitucionais?
10. Qual a principal contribuição das tecnologias digitais para a formação de *networking*? Quais os benefícios e quais as dificuldades que esse novo tipo de *networking* pode trazer?

BIBLIOGRAFIA E NOTAS

1. Segundo a Wikipédia (2012), **Crowdfunding**, traduzido para o português como **Financiamento coletivo** ou **Financiamento colaborativo**, é a obtenção de capital para iniciativas de interesse coletivo através da agregação de múltiplas fontes de financiamento, em geral pessoas físicas interessadas na iniciativa. O termo é muitas vezes usado para descrever especificamente ações na internet com o objetivo de arrecadar dinheiro para artistas, jornalismo cidadão, pequenos negócios e *start-ups*, campanhas políticas, iniciativas de *software* livre, filantropia e ajuda a regiões atingidas por desastres, entre outros.
2. *Softwares* de gerenciamento de documentos e de fluxos de trabalho.

LEITURAS RECOMENDADAS

RIFKIN, Jeremy. *O fim dos empregos*: o declínio inevitável dos níveis dos empregos e a redução da força global de trabalho. São Paulo: Makron Books, 1995.

_____. *A era do acesso*: a transição de mercados convencionais para networks e o nascimento de uma nova economia. Tradução Maria Lúcia G. L. Rosa. São Paulo: Makron Books, 2001.

_____. *O século da biotecnologia*: a valorização dos genes e a reconstrução do mundo. Tradução Arão Sapiro. São Paulo: Makron Books, 1999.

ROBBINS, Stephen P. *Comportamento organizacional*. 8. ed. Rio de Janeiro: LTC, 1999.

_____. *Administração*: mudanças e perspectivas. Tradução Cid Knipel Moreira. São Paulo: Saraiva, 2000.

SITES SUGERIDOS

http://catarse.me/pt

http://terramagazine.terra.com.br/silviomeira/blog

VÍDEOS SUGERIDOS

www.tedtalks.com.br

- How the Internet Will (One Day) Transform Government – Clay Shirky.
- Massive-Scale Online Collaboration – Luis Von Ahn.
- How Art, Technology and Design Inform Creative Leaders – John Maeda.
- The Era of Open Innovation – Charles Leadbeater.

Epílogo

Quatro Visões de Futuro

"Difícil de ver. Sempre em movimento está o futuro."
Mestre Yoda

"A melhor maneira de prever o futuro é criá-lo."
Sabedoria de internet

Há milhões de formas de vermos o futuro, dependendo de quem o vê, de quando o vê e do que deseja ver. Aqui escolhi apenas algumas maneiras de vislumbrar o comportamento organizacional no futuro, mais como uma visão do que propriamente como uma previsão. Afinal, o primeiro passo para fazer prevalecer uma ideia é formulá-la!

Visão 1: Será proibida a entrada de líderes tóxicos nas organizações

> *"A tragédia da condição humana não é, simplesmente, que todos nós devemos morrer, mas sim que escolhemos viver de ilusões. E é essa escolha de consolo, por vezes emocionante, mesmo grandes ilusões, em vez da mais humilde, muitas vezes dolorosa e desafiadora realidade, que nos torna extraordinariamente vulnerável aos líderes tóxicos."*

> *"Eleanor Roosevelt disse uma vez: 'Você ganha força, coragem e confiança através de cada experiência na qual você realmente para de ver o medo no rosto ...'."*

> *Jean Lipman-Blumen, 2005.*[1]

Líderes são exemplos, pessoas inspiradoras e, portanto, capazes de trazer à luz o melhor de cada colaborador. Mas será que todos são assim?

Pessoas diferentes, motivações diferentes. Enquanto alguns ocupam posições de liderança a partir de um genuíno reconhecimento de suas equipes, outros chegam às posições de comando motivados pelo exercício do poder em benefício próprio. Estes se utilizam da manipulação, das fachadas gerenciais (a esse respeito, veja o clássico *Grid Gerencial*, de Blake e Mouton[2]), da sonegação de informações e das ameaças veladas.

Beatriz Rey,[3] pesquisadora de comportamento organizacional e professora da Kenan-Flager, Escola de Negócios da Universidade da Carolina do Norte, diferencia *status* de poder. Ela afirma que as pessoas que chegam a cargos de liderança sem o reconhecimento dos colegas tendem a ser malvistas no trabalho. Elas têm poder, mas não têm *status*. O poder é obtido através do controle e da coerção, pelos líderes que imprimem antes medo do que respeito perante seus subordinados. É o poder formal e não o poder legítimo que entra em ação. Já o líder legítimo tem seu *status* obtido pelo reconhecimento da equipe.

Perguntamo-nos o porquê de algumas organizações permitirem – quando não estimularem – a presença de líderes que buscam o poder em benefício próprio, sem preocupação com os colaboradores, pares ou superiores ou sequer com a empresa como um todo. Roberto Goldkorn, autor do livro *Assédio por Sedução*,[4] busca uma explicação para o fato. Para ele, "vivemos numa sociedade que faz reverência aos fortes e abomina os fracos. Por isso, se busca de forma tão alucinada símbolos de poder, qualquer coisa que emane uma aura de vencedor, de estar por cima da carne-seca". Assim, não é de se espantar que indivíduos assertivos, frios, calculistas, fortes, confiantes e excessivamente racionais cheguem ao topo das organizações, como mestres em manipulação do poder políticos e leitores perspicazes das emoções, necessidades e fragilidades alheias. Em benefício próprio, naturalmente.

Muitos autores com formação psicanalítica, tal como Manfred Kets de Vries,[5] têm apresentado importantes pesquisas que nos permitem conhecer melhor a personalidade e o *modus operandi* dos líderes perversos. O recente interesse de acadêmicos e profissionais pelo fenômeno do assédio moral, desencadeado no Brasil pelas publicações de Marie-France Hirigoyen,[6] têm revelado o lado obscuro da liderança perversa e o prazer que pode existir em desestabilizar o ego de um subordinado para fazer sobressair perante si e perante os demais o seu próprio poder.

Jean Lipman-Blumen[7] discute o que chamou de liderança tóxica, com foco nos seguidores. Ele buscou uma explicação para o fato de tantas pessoas se submeterem a líderes manipuladores que "deixam seus seguidores em pior estado do que os encontrou". Os líderes tóxicos apresentam comportamento destrutivo e personalidade disfuncional, implicando prejuízos para aqueles que os cercam, sejam colaboradores diretos ou não.

Seguimos líderes tóxicos por uma certa acomodação, porque é mais fácil deixar as coisas como estão; ou porque o medo das ameaças de não o seguir superam as expectativas positivas de abandoná-lo. O líder tóxico traduz nossas ansiedades existenciais, nosso medo das incertezas, da dor e da morte, em sonhos irrealizáveis, chamados por Lipman-Blumen de grandes ilusões. O líder tóxico oferece certezas que não podem ser oferecidas, abranda medos que poderiam ser adaptativos, exclui ansiedades que levam a processos criativos de solução de problemas. Ele promete a paz enquanto for seguido obedientemente.

A obediência traz em seu bojo o benefício da não responsabilidade. Conforme discutido por Hannah Arendt em *Eichmann em Jerusalém*,[8] ser seguidor de um líder perverso nos permite "apenas seguirmos ordens", não assumindo responsabilidade pessoal pelos nossos atos.

Ao contrário, libertar-se das grandes ilusões de um líder tóxico nos permite experimentar, além do medo e da ansiedade, a liberdade. Conhecedores de nossa finitude e dos riscos envolvidos em qualquer ação de mudança, não delegamos ao líder toda a nossa esperança nem toda a nossa responsabilidade.

O líder com visões nobres, ao contrário dos líderes tóxicos, não prometerá trazer a nossa salvação de mão beijada, mas nos convidará a construí-la. A exemplo da Liderança Baseada em Valores, de James O'Toole,[9] a liderança com visão nobre construirá um ambiente inclusivo, no qual os seguidores – frente a frente com a realidade e com suas próprias capacidades – poderão desenvolver sua autonomia e liberdade.

"Então, não é difícil entender por que frequentemente nós preferimos líderes tóxicos, aqueles que nos oferecem almoços gratuitos, enquanto os líderes não tóxicos esperam nossa ajuda também para cozinhar a refeição e limpar."[10]

Visão 2: Os quietos também são bem-vindos

Líderes não são idênticos. As estradas para o futuro também não. Podemos encontrar diferentes modos de construir relações satisfatórias nas organizações e fora delas, de oferecer produtos sustentáveis e de nos comportarmos nos negócios de forma responsável.

A autonomia, a liberdade e o convívio cooperativo no ambiente organizacional exigem um conjunto distinto de características complementares. Isso implica abandonarmos os estereótipos de líder ideal e de funcionário ideal. O líder ideal é aquele assertivo, comunicativo, agressivo, *workaholic*, diretivo? Não necessariamente. Este pode ser também o perfil de um líder tóxico ou de um gestor burocrático como Ballmer da Microsoft.

Susan Cain, autora de *O Poder dos Quietos*,[11] ressalta que a introversão, a quietude e a solidão são importantes para a criatividade. Os líderes extrovertidos, segundo ela, correm o risco de se entusiasmar excessivamente com os projetos dos seus colaboradores, reduzindo o espaço de cooperação, para imprimir o seu próprio estilo e marca.

Podemos pensar que, se a introversão permite a reflexão, ela é uma aliada do autoconhecimento; se ela permite a criatividade, pode ser a mola propulsora da inovação; se ela enseja a leitura, pode ser uma alavanca para a aprendizagem. Cain, que tomou os conceitos de introversão e de extroversão emprestados do psicanalista suíço Carl Gustav Jung, admite que não existem tipos introvertidos ou extrovertidos puros. Há uma tendência maior para uma posição ou para outra em cada indivíduo, e há momentos de introversão e de extroversão que podem ser vividos por todos. A exemplo dela própria, uma introvertida assumida em uma época de hipervalorização da extroversão, os introvertidos podem ser treinados a falar em público – não sem algum esforço e sacrifício. Da mesma forma, os extrovertidos podem ser estimulados a momentos de maior recolhimento.

As observações de Cain são importantes para a definição de critérios de valorização de pessoas nas organizações de negócios, nas escolas e na família. Enquanto o tipo quieto não é geralmente o primeiro a ser promovido, o aluno quieto pode não receber as melhores notas, o filho quieto pode ser fonte de preocupação. Mas não seria preocupante se o executivo extrovertido não apresentasse um conteúdo consistente em seus trabalhos? Se o aluno falante não prestasse atenção em aula? Se o filho extrovertido só pensasse nos esportes de grupo e detestasse os estudos?

Não há, ao que se saiba, relação direta entre sucesso e extroversão ou sucesso e introversão por si sós. Há situações, momentos, tarefas e desafios que exigem maiores níveis de introversão ou de extroversão. Os trabalhos em grupo e a pesquisa solitária são exemplos de desafios diferentes que favorecem ou a extroversão (no primeiro caso) ou a introversão (no segundo caso). Mas, como Cain observou de forma interessante, não ganhamos nada forçando os introvertidos a se mostrarem extrovertidos em dinâmicas de grupo, salas de aula, acampamentos de férias ou reuniões de negócios.

Aos meus alunos que perguntam, a cada semestre, se não terão prejuízos no conceito de participação em aula por serem introvertidos, respondo: *"keep calm and study!"*.

Visão 3: Vamos inventar novas formas de fazer negócios

"Em conjunto com a questão da viabilidade econômica de um negócio, cabem neste momento algumas reflexões sobre a sua função na organização social. Esta chegou ao nível no qual, pelo aumento do conhecimento, da produtividade, fruto do trabalho de décadas e séculos, busca uma vida melhor para todos. Unir o crescimento intelectual e espiritual com o material, todos essenciais para uma vida plena."

Cristiano Cechella[12]

A chamada **Nova Economia** e a **Economia Criativa** vêm trazendo questionamentos sobre a maneira pela qual viemos realizando nossos negócios e construindo nossas empresas. Somente a riqueza gerada pelas organizações não terá valor se não se reverter em maior qualidade de vida e de desenvolvimento para seus colaboradores e para a sociedade em que atua. A tecnologia permite garantir recursos a todos, desde que haja distribuição planejada do que é produzido, colhido e transformado.

Em dezembro de 2012, tive a oportunidade de ver um pouco dessa nova economia sendo colocada em ação. Após uma série de discussões sobre os princípios éticos dos negócios, um grupo de alunos da disciplina de Gestão de Pessoas do curso de graduação em Administração da UFRGS (Universidade Federal do Rio Grande do Sul) resolveu promover um seminário que foi intitulado "Colaboração, Paixão e Propósito: um novo jeito de fazer negócios". Nesse seminário, os alunos convidaram jovens empresários que desenvolvem seus negócios a partir dessa filosofia. Eles tinham em comum o jeito descontraído e informal, a paixão pelo que faziam e a satisfação dos colaboradores.

Um dos convidados do evento foi Felipe Amaral, sócio fundador da Semente Negócios. A Semente atua com estruturação de novos negócios, aceleração de vendas e captação de recursos a partir do conceito de *lean startup*,[13] uma forma orgânica e inovadora de fazer negócios. A Semente apoia investidores de modelos inovadores de negócios e desenvolve atividades de educação e de treinamento em formato e método igualmente inovadores, com abordagem prática. Um dos projetos da Semente é o Estaleiro Liberdade, que reúne pequenos grupos de jovens a fim de apoiar o descobrimento de talentos e o empreendedorismo.

O Estaleiro Liberdade busca criar um ambiente favorável ao desenvolvimento do empreendedorismo com impacto social positivo, o compartilhamento de conhecimentos, o trabalho em rede, o consumo colaborativo e a cultura de abundância e de cooperação.

Talvez essas iniciativas que surgem espontaneamente quando se cria um ambiente favorável para a expressão e o debate de ideias inovadoras possam ser um embrião de um futuro promissor e responsável.

Visão 4: As organizações têm algo a aprender com as artes marciais

"Um líder deve viver de acordo com suas palavras, calcado sobre seus compromissos, fazendo brotar o melhor exemplo que puder. Um líder é alguém que serve aos outros."

"Nunca subestime as recompensas do trabalho duro e da concentração."

Master Y. K. Kim, Taekwondo World, 1985.[14]

Não sou a primeira a relacionar artes marciais com gestão. Robert Pater,[15] diretor da MoveSmart, escreveu vários livros e artigos a respeito, alguns dos quais enfocando a liderança e o autoconhecimento.

Quanto a mim, durante algum tempo treinei artes marciais: caratê, *kung fu*, *hapkido, taichichuan*. Em todas elas, encontrei aparentes paradoxos: aprender a ser forte para não ter de usar a força; disciplinar a mente se quiser ter um corpo disciplinado; respeitar e valorizar os oponentes; ser humilde; conhecer a si mesmo profundamente para poder, então, conhecer o outro. Ao contrário da imagem que o cinema muitas vezes mostra, encontrei nas artes marciais líderes generosos, humildes e tranquilos. Não raro, vi meus mestres e *kiosanins* varrendo a academia, brincando com as crianças, orientando com paciência para que cada um pudesse aprender no seu próprio ritmo. Ao mesmo tempo, esses mestres são fortes, ágeis, flexíveis. Alguns surpreendentemente ternos.

O que faz com que um sujeito capaz de derrubar outro de um só golpe não se torne bruto, arrogante, vaidoso?, você pode estar se perguntando. A resposta está na filosofia.

Artes marciais não são sinônimo de grossa pancadaria, mas uma filosofia de vida, de cuidado com o corpo, com a mente, com o outro. De busca da paz, do equilíbrio, da justiça, do bem-estar. Vencer o oponente não é a meta principal, nem ser melhor do que seus colegas. A meta é ser melhor do que você mesmo. É vencer suas próprias fraquezas e dificuldades. É ser perseverante, disciplinado e respeitoso.

O *tae kwon do*, por exemplo, tem por princípio a cortesia (*ye ui*), a integridade (*yom chi*), a perseverança (*in nae*), o autocontrole (*guk gi*) e o espírito indomável (*baekjul boolgool*).[16]

O *hapkido* tem sua filosofia fortemente ligada aos princípios do budismo, do taoismo e do confucionismo. "*Hap*" significa harmonia; "*Ki*", a energia; e "*Do*" significa o caminho ou o método. Assim, o *hapkido* é o caminho de harmonização da energia. "A crença fundamental do *hapkido* é a ideia de que o treinamento em artes marciais é primeiramente a busca pela saúde física, o bem-estar mental, o crescimento espiritual e a perfeição do caráter."[17]

Os princípios do *hapkido* se assemelham aos do *tae kwon do*: "respeito pela vida, respeito pela sociedade, respeito por si mesmo, compromisso com a honra, ajuda aos outros, gentileza, tolerância, paciência, lealdade, coragem, integridade, perseverança, honestidade, modéstia e compaixão.[18] As artes marciais sugerem (e a Psicologia Positiva também) que o caminho é o mais importante, a chegada é a consequência do caminho trilhado com esforço, dedicação, respeito e amor. A prática de *tae kwon do* ou de *hapkido* tem por base a ideia de que a disciplina, associada ao esforço, ao desenvolvimento e à prática de padrões morais elevados, e à aprendizagem, levará à saúde e à felicidade. Mestre Kim escreveu:[19]

> "Mesmo se eu morrer amanhã, vou tentar o meu melhor em tudo o que faço hoje. Estou satisfeito com o que aprendi, e com o que fiz. Sim, ainda que morra amanhã, não tenho medo. Eu vou ser feliz."

Enquanto os ocidentais valorizam excessivamente o atingimento de metas como um fim em si mesmo, os orientais entendem que o processo de atingi-la é rico e produtivo. Essa visão se expressa de diversas formas, inclusive na filosofia e na prática das artes marciais. O estar preparado para a morte significa viver plenamente o tempo que nos foi dado, ter aproveitado cada passo, ter aprendido o que foi possível e ter dado o máximo de si em cada situação, ainda que o desfecho possa não ser favorável.

O Ocidente começa a experimentar e a ver significado nessa visão oriental de valorizar o processo. Iniciativas como o *slow movement*,[20] ao qual pertencem o *slow food* e o *slow work*, entre outros, são indícios dessa nova visão. "No fundo, tudo o que fazemos tem o sentido de trajeto, e a chegada é consequência", afirmou Eugênio Mussak.[21]

As organizações, por princípio, filosofia, estrutura e fundação, são instituições criadas a partir de um objetivo: obter lucro. Os processos de trabalho e de produção são construídos do final do caminho (obtenção do lucro) para o início (o que vamos produzir para obter lucro e como vamos fazê-lo).

Em alguns casos, a criação de uma empresa parte da metade do caminho: tenho um produto. Depois pensamos na chegada (esse produto deve gerar lucro) e finalmente no início (como fazer com que as pessoas queiram esse produto para que ele propicie lucro, ou, será que alguém necessita desse produto o deseja?).

Nas organizações do futuro, é possível que prevaleça a visão oriental da importância do caminho a ser percorrido e da forma como o percorremos. Os empresários do futuro iniciarão seus negócios se perguntando: o que posso oferecer à sociedade e às comunidades às quais pertenço que lhes seja de valor? Quais as minhas responsabilidades como detentor de capital? O que sei fazer e o que gosto de fazer por vocação e por conhecimento? Que tipo de produto ou serviço contribuirá para que os clientes e seus *habitat* desenvolvam ao máximo suas potencialidades e se tornem pessoas e ambientes melhores?

O segundo passo será pensar como farei (ou melhor, faremos) para construir um processo produtivo no qual os colaboradores possam realizar suas aspirações, interagir de forma ética, aprender, desenvolver seu potencial.

O último passo é a chegada: tudo isso irá gerar um lucro X que será reinvestido de forma a garantir a continuidade do negócio, o aperfeiçoamento das pessoas, dos processos e dos produtos e de forma a atender às responsabilidades do empresário.

A esse respeito, Zohar e Marshall escreveram algo significativo, apontando uma nova forma de criar e de gerir negócios, que eles chamaram de Capital Espiritual:

> "'Capital espiritual' é um novo paradigma e exige que mudemos radicalmente nossas certezas sobre os fundamentos e a prática dos negócios. Ele não é anticapitalista nem mesmo não capitalista, mas requer a adição de dimensões morais e sociais ao capitalismo que conhecemos. O capital espiritual não é uma riqueza monetária, mas aceita a possibilidade de obtenção do lucro, talvez em escala maior que a atual, negociando dentro de um contexto mais amplo de significado e valor. Ele é capaz de gerar um lucro que se alimenta da riqueza do espírito humano e do bem-estar generalizado e, ao mesmo tempo, contribui para aumentá-la."[22]

Zohar e Marshall ressaltam ainda a importância da responsabilidade como um valor central nos negócios. Saber por que e para que a instituição foi criada e assumir as responsabilidades que ela gera. Saber a quem ela é devedora.

Gardner e colegas de pesquisas como Damon e Csikszentmihalyi também focaram seus estudos na responsabilidade. Nos livros *Responsabilidade no Trabalho*[23] e *Trabalho Qualificado*,[24] Gardner destaca que somos sempre responsáveis por algo ou alguém, basta que identifiquemos isso e assumamos o que deve ser feito. Nas profissões que demandam cuidado com o outro, como a dos médicos, enfermeiros e assistentes sociais, a responsabilidade se torna mais evidente, mas nos empresários é necessário que se repense quais os públicos atingidos pelas ações organizacionais.

Assim, encontramos mais um paralelo entre o novo mundo dos negócios e as artes marciais. Assim como o mestre em artes marciais tem uma responsabilidade redobrada devido à sua força e conhecimentos e por ser capaz de inspirar seus discípulos, o empresário tem uma enorme responsabilidade devido à sua influência e seu acesso aos mais variados recursos, e, mais do que tudo, pela possibilidade de tornar a vida de seus colaboradores mais significativa.

Ulrich e Ulrich discutiram o significado do trabalho em seu livro *Por que Trabalhamos*. Os autores chamam de organizações abundantes as organizações que possibilitam a seus colaboradores o encontro de significados para seus trabalhos e para suas vidas. Eles também não são anticapitalistas.

> "Os líderes não investem em criar significado apenas porque é nobre, mas porque é lucrativo. Gerar significado também gera dinheiro. (...) uma organização abundante é um ambiente de trabalho em que os indivíduos coordenam suas aspirações e ações para criar significado para si mesmos, valor para as partes envolvidas e esperança para a humanidade como um todo."[25]

Assim, como num *Zeitgeist* ético, e talvez como resposta a tantas ações lamentáveis que presenciamos no mundo dos negócios, começam a pipocar ideias e iniciativas responsáveis e inovadoras, que contemplam felicidade e lucro. Não se trata do romantismo *hippie* de virar as costas para o mundo do trabalho, nem do antagonismo marxista entre capitalistas e trabalhadores, mas de olhar para o futuro, para novas possibilidades, mais integradoras e éticas. Como nos ensinaram Collins e Porras,[26] vamos substituir a supremacia do "ou" (ou ganhamos dinheiro ou somos éticos; ou trabalhamos ou somos felizes) pela supremacia de "e": ganhamos dinheiro e somos éticos; trabalhamos e somos felizes.

Penso como Mussak ao sentir a vida, a felicidade e os negócios como uma grande travessia, a qual pode ser feita de forma significativa e resoluta, com o espírito indomável das artes marciais, ou de forma maçante, sofredora e insípida, olhando para o ponto de chegada sem enxergar a paisagem.

> "Mas, pensando bem, quando é que não estamos em travessia? Quando é que 'chegamos lá' de verdade? Será que a própria vida não é uma ponte de existência que liga nossas duas não existências?"[27]

Liderança e artes marciais: o mantra do mestre Alexandre

Mestre Alexandre Gomes, 7º *dan*, mestre de *tae kwon do* e de *hapkido* na Academia Lee, ensina aos seus alunos a importância de desenvolvermos o conhecimento na mente, a honestidade no coração e a força no corpo. No futuro, vejo os líderes empresariais seguindo os ensinamentos do mestre Alexandre: inspirando os seguidores a desenvolver corpo, mente e espírito de forma responsável.

O mestre Alexandre Gomes, 7° *dan*, trabalha na Academia Lee com a turma infantil de *tae kwon do*. Os pequenos desenvolvem "conhecimento na mente, honestidade no coração e força no corpo".

Para saber mais, acesse a página da Academia Lee no Facebook ou http://msalexandregomes.blogspot.com.br

BIBLIOGRAFIA E NOTAS

1. LIPMAN-BLUMEN, Jean. *Toxic leadership:* when grand illusions masquerade as noble visions. Disponível em: http://www.connectiveleadership.com/articles/when_grand_illusions_masquerade_as_noble_visions.pdf. Acesso em: 15 fev. 2013.
2. BLAKE, Robert; MOUTON, Jane Srygley. *O grid gerencial*. São Paulo: Pioneira, 1978.
3. REY, Beatriz. Quer Virar Chefe? Seja Legal Antes. *Exame.com*. 24 de janeiro de 2013. Disponível em: http://exame.abril.com.br/noticia/quer-virar-chefe-seja-legal-antes. Acesso em: 15 fev. 2013.
4. GOLDKORN, Roberto. *Psicopatas possuem mix de qualidades e talentos*. Disponível em: http://www2.uol.com.br/vyaestelar/outrolado_psicopatas.htm. Acesso em: 15 fev. 2013.
5. KETS DE VRIES, Manfred F. R. *Liderança na empresa:* como o comportamento dos líderes afeta a cultura interna. São Paulo: Atlas, 1997.
6. HIRIGOYEN, Marie-France. *Mal-estar no trabalho:* redefinindo o assédio moral. Rio de Janeiro: Bertrand Brasil, 2002. Ver também HIRIGOYEN, Marie-France. *Assédio moral:* a violência perversa no cotidiano. Rio de Janeiro: Bertrand Brasil, 2009.
7. Idem 1.
8. ARENDT, Hannah. *Eichmann em Jerusalém*. São Paulo: Companhia das Letras, 1999.
9. O'TOOLE, James. *Liderando mudanças:* como superar a ideologia do conforto e a tirania do costume. São Paulo: Makron Books, 1997.
10. Idem 1, p. 13.
11. CAIN, Susan. *O poder dos quietos*. Disponível em: www.ted.com/talks/susan_cain_the_power_of_introverts.html. Acesso em: 15 fev. 2013.
12. CECHELLA, Cristiano Dias. O Retorno Sobre o Investimento no Contexto da Nova Economia. Portugal: *Portugal digital:* informação e comunicação luso-brasileira. 07/11/2012. Acesso em: 14 dez. 2013.

13. O termo *lean startup*" pode ser traduzido como "a *startup* enxuta", ou seja, uma metodologia que recomenda que os empreendedores utilizem seus escassos recursos de maneira mais racional e analítica, testando e tentando provar hipóteses, antes que sejam investidas grandes quantidades de tempo e dinheiro no desenvolvimento e lançamento de novas ideias que talvez o mercado não queira adquirir. Disponível em: http://iabbrasil.ning.com/profiles/blogs/artigo-lean-startup-um-novo-m-todo-para-o-empreendedorismo. Acesso em: 22 fev. 2013.
14. KIM, Y.K, Master. *Taekwon-Do world:* philosophy, history, technique. Seoul, Korea: World Martial Art Research Institute, Inc., 1985.
15. PATER, Robert. Critical Leadership Questions. *OHS – Occupational Health & Safety.* May, 01, 2007. Disponível em: http://ohsonline.com/articles. Acesso em: 14 fev. 2013.
16. HI, Choi Hong, Gen. *Taekwon-Do:* the Korean art of self-defence. Ontario, Canada: International Taekwon-Do Federation, 1987, 2 ed.
17. TEDESCHI, Marc. *Hapkido:* traditions, philosophy, technique. Boston, MA:Weatherhill, 2010, 5. ed., p. 54.
18. Idem 17.
19. Idem 14.
20. HONORÉ, Carl. *Elogio de la lentitud:* un movimiento mundial desafía el culto a la velocidad. Buenos Aires: Del Nuevo Extremo, 2010.
21. MUSSAK, Eugênio. A Travessia. In: *Vida simples,* fevereiro 2013.
22. ZOHAR, Danah; MARSHALL, Ian. *Capital espiritual:* usando as inteligências racional, emocional e para realizar transformações pessoais e profissionais. Rio de Janeiro: Best Seller, 2004, p. 39.
23. GARDNER, Howard. *Responsabilidade no trabalho:* como agem (ou não) os profissionais responsáveis. Porto Alegre: Artmed, 2008.
24. GARDNER, Howard; CSIKSZENTMIHALYI, Mihaly; DAMON, William. *Trabalho qualificado:* quando a excelência e a ética se encontram. Porto Alegre: Artmed, 2004.
25. ULRICH, Dave; ULRICH, Wendy. *Por que trabalhamos:* como grandes líderes constroem organizações comprometidas que vencem. Porto Alegre: Bookman, 2011.
26. COLLINS, James C.; PORRAS, Jerry I. *Feitas para durar:* práticas bem-sucedidas de empresas visionárias. Rio de Janeiro: Rocco, 2007.
27. Idem 21, p. 19.

LEITURAS RECOMENDADAS

CSIKSZENTMIHALYI, Mihaly. *Flow:* the psychology of optimal experience. New York: Harper Perennial, 1991.

JUNG, Carl Gustav. Tipos psicológicos. In: *Obras Completas de Carl Gustav Jung,* v. VI. Rio de Janeiro: Vozes, 2011.

LIVINGSTON, Jessica. *Startup* – Fundadores da Apple, do Yahoo!, Hotmail, Firefox e Lycos contam como nasceram suas empresas. Rio de Janeiro: Agir, 2009.

OSTERWALDER, Alexander; PIGNEUR, Yves. *Inovação em modelos de negócios* – Business model generation. Rio de Janeiro: Altabooks, 2011.

RIES, Eric. *A startup enxuta.* São Paulo: Leya Brasil, 2011.

SNYDER, C.R.; SHANE J. LOPEZ. *Psicologia positiva:* uma abordagem científica e prática das qualidades humanas. Porto Alegre: Artmed, 2009.

VIDIGAL, Marina. *Para ser grande:* as histórias de sucesso de 20 empreendedores. São Paulo: Panda Books, 2009.

SITES SUGERIDOS

www.sementenegocios.com.br
www.estaleiroliberdade.com.br
http://powertothecrowd.tumblr.com/
http://www.startuplessonslearned.com/

VÍDEOS SUGERIDOS

www.ted.com/talks/
- What makes us happy?
- O poder dos introvertidos - Susan Cain.
- Por que temos tão poucas líderes - Sheryl Sandberg.
- Como os grandes líderes inspiram ação – Simon Sinek.

Índice

A

Abraham Maslow, 105
Administração como Ciência Social Aplicada, 30
Ambiente cultural de origem, 87
Análise
   de sentimentos, 31
   situacional, 10
Ansiedade, 30
Assediador, 33
Assédio
   moral, 36-38
      origem do, 36
   rede de apoio às vítimas de, 38
   sexual, 32-36
      caracterização do, 35
      vítimas de, 35
   táticas de, 38

B

Burocracia, vantagens da, 93, 94

C

Capacidade de adaptação, 52
Capital espiritual, 144
Clientes externos das organizações, 70
Clima organizacional, 88
Coach, 15
Colaborador(es), 70
   virtual, 123, 124
Complexidade tecnológica, 69
Comportamento organizacional na
  era digital, 120
Comunicações escritas, 127
Criar, 60
Crowdfunding, 95, 125
Crowdsourcing, 95
Cultura(s), 86
   como uma história, 86
   conservadoras, 57
   de desconfiança, 124
   de inovação, 89
      elementos de uma, 57, 58
   flexíveis, 57
   história de uma, 86
   organizacional, 57, 86
      elementos definidores da, 57
      em instituições públicas, 93, 94
      fatores de
         consolidação de uma, 87-89
         criação de uma, 87-89
      na era digital, 124
      sólida, formação de uma, 76
      transformação de uma, 90
Customização de produtos, 70

D

David McClelland, 106
Desmotivação de funcionários, 108-110
Diagnóstico do ambiente, 10
Diversidade
   de etnia, 71
   de gênero, 70, 71
   de idade, 73, 74
   de orientação sexual, 72
   desafios da, 69
   na organização, 70
   políticas de gestão que estimulem a, 77, 78
Douglas McGregor, 106

E

Economia
   criativa, 141
   nova, 141
Empresa(s)
   de caráter conservador, 33, 34
   eventos sociais da, 40
   festas da, 40, 41
Empresários do futuro, 144
Encontro virtual, 127
Equipes remotas, 121
Especialização dos membros, 92

Estagiário, 41-43
   código de conduta do, 42, 43
Estágio, 41-43
Estaleiro Liberdade, 142
Estruturas orgânicas, 91
Ética na era da internet, 127, 128

F

Fatores
   higiênicos, 105
   motivacionais, 105
Formação acadêmica, 74, 75
Frederick
   Herzberg, 105
   Winslow Taylor, 90
Fusão
   cultural, 93
   financeira, 93

G

Geração(ões)
   dos *baby-boomers*, 43, 44
   relacionamento entre, 43, 44
   X, 43, 44
   Y, 43, 44
Gestão
   da diversidade a distância, 126
   de pessoas, 45
      políticas de, 87
   e artes marciais, 142
   pública
      desafio para a, 94
      experiência anterior na, 75, 76
Gestor(es)
   intermediários, 54
   nas organizações diversas, 69, 70
   no planeta *diversus*, 68, 69
   nos contatos virtuais, 123
Grid gerencial, 8
   eixos do, 8

H

Henry Ford, 90
Hierarquia das necessidades, 105

I

Inovação, 90
Inovar, 60
Inteligência, emocional, 53

L

Lean startup, 95, 141
Líder(es), 2, 7
   baseado em valores, 14
   capacidade de comunicação do, 4
   com visões nobres, 139
   do futuro, 2, 5
   expectativas com o, 17
   extrovertidos, 140
   forma de gestão do, 4
   ideal, 140
   modelo, 19
   motivos para seguir o, 16, 17
   nos processos de mudança
      organizacional, 53-56
   personalidade do, 3
   responsabilidade do, 18, 19
   tipo de, 19
   todos querem ser, 17
   tóxicos, 139
   visão dos, 6
Liderança, 5-7, 14
   abordagens contemporâneas da, 11-14
   baseada em valores, 5
      pressupostos da, 14
   carismática, 11
   de equipes remotas, 121
      premissas da, 121, 122
   ética, 13
   jeito para a, 18
   moral, 5, 13
   primeiros estudos de, 6
   servidora, 5
   situacional, 5, 9, 10
      fatores-chave da, 10
      matriz da, 10
      pressuposto básico da, 11
   tóxica, 139
   transacional, 5, 12
   transformacional, 5, 11, 12

M

Metas por produtividade, 45
Modelo de Steve Jobs, 58, 59
Motivação
   de funcionários, 104
   no futuro, 110, 111
Mudança(s)
   cultural(is)
      efetiva, 90, 91

em aquisições, 92, 93
em fusões, 92, 93
interinstitucional, 61

N

Natureza da tarefa realizada, 92
Necessidade(s)
  básicas, 105
  de afiliação, 106
  de poder, 107
  de realização, 107
  hierarquia das, 105
  pirâmide das, 105
  superiores, 106
Networking, 123

O

Organização(ões)
  abundantes, 145
  do futuro, 144
Orientação política, 76

P

Persona, 28, 29
Pessoas com deficiência, 72, 73
Pirâmide das necessidades, 105
Poder
  de especialista, 122
  formal, 138
  legítimo, 138
Políticas motivacionais customizadas, 108
Preconceitos, 76, 77
Privacidade na era da internet, 127, 128
Profissional do futuro
  palavras-chave do, 29
  personalidade do, 28
Psicologia positiva, 143

R

Relacionamento(s)
  entre gerações, 43, 44
  no ambiente
    corporativo do futuro, 45
    de trabalho, problemas de, 45
  remoto, 122
Relações virtuais, 125, 126
Religião e espiritualidade, 73
Resistência à mudança, 55

S

Sandro Bergue, 94
Seguidor(es)
  nos processos de mudança
    organizacional, 56, 57
  vantagens de ser, 17, 18
Seres inabaláveis, 29
Slow movement, 143
Social change, 95
Subcultura, 92

T

Tecnologias de informação, 120
Tédio, 30
Teoria(s)
  comportamentais, 5, 8, 9
  contingenciais, 9, 10
  do *Flow*, 107
  dos Dois Fatores, 105
  dos traços, 5, 7, 8
  Holística Dinâmica das Motivações, 105
  X, 106
  Y, 106
Trabalho
  amizade no, 38, 39
  emoções no, 30
  família no, 39, 40
  mudanças no mundo do, 53
  problemas de relacionamento no
    ambiente de, 45
  relacionamentos no ambiente de, 32
Traços
  antropométricos, 7
  biográficos, 7
  de personalidade, 7
  teoria dos, 5, 7, 8
Transformação
  de ideia em realidade, 60
  de uma cultura organizacional, 90

V

Valores pessoais, 76
Valorização recebida, 92
Visão de futuro, 54

W

Workflow, 127

Impressão e Acabamento: